高利润
是策划出来的

王子墨◎著

中国商业出版社

图书在版编目（CIP）数据

高利润是策划出来的 / 王子墨著. -- 北京：中国
商业出版社，2023.9
ISBN 978-7-5208-2590-0

Ⅰ.①高… Ⅱ.①王… Ⅲ.①企业利润 Ⅳ.
①F275.4

中国国家版本馆CIP数据核字(2023)第154411号

责任编辑：郑　静
策划编辑：刘万庆

中国商业出版社出版发行
（www.zgsycb.com　100053　北京广安门内报国寺1号）
总编室：010-63180647　　编辑室：010-83118925
发行部：010-83120835/8286
新华书店经销
香河县宏润印刷有限公司印刷
*
710毫米×1000毫米　16开　13印张　150千字
2023年9月第1版　2023年9月第1次印刷
定价：68.00元
****
（如有印装质量问题可更换）

前　言

　　亲爱的读者，欢迎阅读《高利润是策划出来的》这本书，让我们一起探讨公司或企业中"利润设计"这个话题。

　　在当今竞争激烈的商业环境中，公司和企业管理者在追求高市场占有率的同时，往往忽视了更为重要的目标——利润。实际上，更高的市场占有率并不等于更高的利润，而通过科学的商业模式对利润进行设计和策划，则是获取高利润的重要手段。因此，本书围绕企业如何通过策划获得高利润而写，旨在帮助企业管理者掌握让企业真正盈利的方法。

　　本书共分为三篇九章，涵盖了战略思维、商业模式及经营目标等方面的内容。在战略思维篇中，介绍了周期性策划、资产性策划和战略性策划的方法，引导您运用综合战略、竞争战略和业务战略来提升企业的竞争力。在商业模式篇中，详细阐述了资源获利、客户获利和产品获利等方面的具体实施方法，帮助您把握各种盈利模式的核心要素。而在经营目标篇中，则深入探讨了多元化运营、一体化运营和单一化运营等策略，让您能够在实际运营中更好地实现企业目标。

　　书中提出了多种行之有效的盈利模式设计方式，如客户开发模式、客户解决方案模式、产品金字塔模式、多单位系统模式、速度模式、利润乘数模式、创业者模式、专业化模式、基础产品模式、行业标准模式等。这些模式为企业提供了参考,以便您能够通过运用这些策略让企业获利。

企业的成功不仅取决于市场占有率,更重要的是利润。高利润的背后往往是企业家运用战略思维、商业模式思维和经营目标导向思维精心策划的结果。

企业发展是一个不断探索和学习的过程。通过阅读本书,希望您能够学会如何设计公司的利润构架,提升企业竞争力,并让企业在今后的发展中取得更大的成功。我相信,在阅读完本书后,您将能够更好地应对日益激烈的市场竞争,把握核心利润创造要素,找到适合您企业发展的商业模式和发展策略。相信在这个过程中,您将逐步建立起一种"设计利润"思维模式,并让其在实际运营中充分发挥作用。

请您珍视本书中的理念与方法,结合您企业的实际,勇敢地尝试和实践,我坚信,如此,您的企业一定能够在高利润的道路上越走越远,为社会创造更多的价值。同时,我也期待您能将在实践中的收获和经验分享给更多的企业家和管理者,大家来共同推动整个行业的进步与发展。

最后,愿您在阅读本书的过程中,不断开阔视野,激发灵感,并在实践中取得丰硕的成果。

再次感谢您对本书的关注与支持,祝愿您在商业领域取得辉煌的成就!

目 录

第二篇　商业模式篇

第三篇　经营目标篇

第一篇　战略思维篇

　　在当今竞争激烈的商业环境中，企业需要迅速适应市场变化，找到可持续的盈利模式。为了实现这一目标，战略思维就成了企业管理者不可或缺的工具。

　　在本篇中，我们将带领读者深入探讨如何运用战略思维制定高利润策略，并从周期性策划、资产性策划和战略性策划三个角度，全面剖析企业盈利的关键要素。

　　最后，希望本篇的内容能够帮助企业管理者建立全面的战略视野，从周期性、资产性和战略性三个角度来审视企业的盈利模式。

第一章　周期性策划

在经济大潮中，周期性规律如同四季轮回，影响着每一个企业的命运。作为企业管理者，了解并把握经济的周期性规律至关重要，因为它将决定企业如何在市场竞争中脱颖而出。

在本章，我们将重点讨论周期性策划的三个方面：产品周期策划、企业周期策划和经济周期策划。

产品周期策划，是分析企业如何根据产品在市场上的生命周期阶段调整策略。企业周期策划，指的是识别企业所处的成长、成熟和转型阶段，了解企业不同阶段面临的不同挑战和机遇，并通过相应的分析和策划采取相应措施。经济周期策划，指的是在经济周期的高峰和低谷之间，企业需要灵活应对，利用市场的波动来实现利润最大化。

通过深入了解周期性策划，企业管理者将学会如何在市场变化中保持敏锐洞察力，运用策略思维来实现企业的长期成功。

第一节　产品周期策划

产品周期，或称产品的生命周期，指的是一个产品从推出市场到最终退出市场的整个过程。

产品周期策划是指在产品的整个生命周期中，从创意、设计、开发、上市、成熟到退市的各阶段，进行有针对性的市场竞争和资源分析，以制定相应的战略和营销措施。

产品周期策划的重要性，在于它有助于企业在产品生命周期的各个阶段把握市场需求，提高产品竞争力，优化资源配置，延长产品生命周期，从而实现盈利最大化和企业可持续发展。

世界上最具代表性的成功产品周期策划案例，包括苹果的 iPhone 和宜家的家居产品；与此相对的典型的失败产品周期策划案例，则包括黑莓公司的智能手机和柯达公司的胶卷相机。

苹果公司在制造出 iPhone 后迅速崛起，并在后续的各产品周期中都保持了成功。每当产品进入成熟期时，苹果都能通过技术创新和设计优化推出更新款的 iPhone，使其在市场中保持领先地位。而且，苹果还成功地将其他产品（如 iPad、MacBook 等）与 iPhone 产品线整合，形成一个强大的生态系统。通过对产品周期的精准把握，苹果实现了持续高利润。

宜家通过不断地对产品进行改进和创新，满足消费者对家居产品的需求。在产品周期的不同阶段，宜家采取了不同的策略。在成长期，宜家不断地扩大市场份额，进入新的市场。在成熟期，宜家通过差异化战略，为不同市场的消费者提供定制化的家居解决方案。通过对产品周期的把握，宜家成功地在全球家居市场占据了领先地位，实现了高利润。

黑莓公司的黑莓手机曾受到商务人士的青睐，因其安全性、实用性和出色的电子邮件功能而广受欢迎。然而，在与 iPhone 和安卓智能手机的竞争中，黑莓未能及时调整产品策略。在产品成熟期，黑莓没有跟上市场的变化，缺乏创新力，最终导致市场份额萎缩，进入衰退期。

柯达公司作为曾经胶卷相机市场的领导者，在过去的几十年里取得了巨大成功。然而，随着数字摄影的兴起，柯达没有及时转型，采取有效的策略应对，反而还是继续墨守成规于胶卷市场，使得其错过新兴的数字摄影市场，最终导致公司破产。

一、产品生命周期概述

产品生命周期可以分为四个阶段：引入期、成长期、成熟期和衰退期。

1. 引入期

引入期是产品生命周期的起始阶段。在这个阶段，新产品首次进入市场，市场对产品的认知度有限，需求量相对较低。例如，当苹果公司推出第一代 iPhone 时，消费者对这款智能手机的了解有限，因此需求不高。企业面临的挑战主要包括提高产品知名度、建立品牌形象和扩大市场份额。再以特斯拉为例，早期推出的 Roadster 电动跑车需要努力提升市场认知度并建立品牌地位。此阶段的销量增长较慢，利润可能尚未实现。

2. 成长期

随着市场对产品的接受度提高，产品进入成长期。在这个阶段，产品销售额迅速增长，市场需求逐渐扩大。例如，在智能手机市场逐渐成熟后，苹果的 iPhone 迅速获得市场份额并取得了显著增长。在成长期，企业需要关注市场份额的争夺、产品创新和改进以及生产效率的提高。如在打车市场中，优步不断改进和优化其服务，吸引更多用户。另外，产品成长期中的企业还要关注潜在竞争对手，以防止市场份额被侵蚀。如在电子商务领域，亚马逊需要密切关注阿里巴巴等竞争对手的动态，以维持市场地位。

3. 成熟期

当市场需求达到顶峰时,产品进入成熟期。在这个阶段,市场竞争加剧,销量增长放缓,利润逐渐稳定。例如,微软的 Windows 操作系统在市场逐渐成熟后,销量增长开始放缓。产品成熟期时企业面临的挑战包括维持市场地位、降低成本以保持利润水平以及寻找新的增长点。如可口可乐在饮料市场上不断推出新品以保持竞争力。此外,企业还需要密切关注市场变化,提前预判产品衰退的迹象。

4. 衰退期

在产品生命周期的衰退期,市场需求减弱,产品销售额和利润下滑。例如,随着智能手机的普及,传统功能手机的需求逐渐减少。此时,企业面临的主要挑战是如何应对市场萎缩,削减成本以保持利润以及重新定位产品或寻求新的市场机会。在这个阶段,企业需要仔细评估产品的未来前景,决定是淘汰产品、改进产品还是开发新产品以取代现有产品。如富士胶片在数码相机市场的影响下转型发展,进入医疗和生物技术领域。

在深入了解产品生命周期各阶段的特征之后,接下来,我们将探讨在不同生命周期中所需进行的策划活动特点。

二、引入期策划

新产品投入市场,引入期的策划是否成功是关键。典型的例子就是苹果的 iPhone、特斯拉的 Model S、黑莓智能手机和柯达的胶片摄影业务。

苹果的 iPhone 通过创新的设计、直观的用户界面以及强大的生态系统,成功地吸引了消费者。在引入期,苹果借助品牌影响力,成功地宣传并推广了 iPhone,确保其在市场上的独特地位。

特斯拉的 Model S 在引入期的策划，就是通过该电动汽车的创新技术、高性能且环保的性能，成功地吸引了消费者，很快造就了品牌的口碑，然后又通过宣传电动汽车的优势，让 Model S 在市场上脱颖而出。

黑莓智能手机在引入期也取得了成功。其策划特点是安全的邮件传输、实体键盘和企业级服务。凭借这些优势，黑莓迅速吸引了商务人士和政府部门的关注，成功地为该产品建立了专业的品牌形象。

柯达的胶片摄影业务在引入期同样取得了成功。其策划通过生产易于使用的胶片和相机，使摄影成为大众普遍的娱乐方式，并依靠产品在此方面创新和广泛的市场推广，确保其在市场上的领导地位。

这四个案例中的引入期产品策划都取得了成功，因为它们都能够识别和满足消费者需求，进行有效的市场推广，最终在市场上树立起独特的品牌形象。

通过研究各种产品的引入期策划，我们发现需要关注三个关键方面，分别是：市场调研与目标市场选择、产品定位和品牌塑造，以及价格策略和促销活动。下面，我们来详细讨论这三个方面。

1. 市场调研与目标市场选择

在引入期产品策划中，首要任务是进行市场调研，探究竞争状况、消费者需求及潜在市场空白。市场调研可通过问卷、访谈和竞品分析等途径进行。在收集并分析数据后，企业须确定目标市场，即产品服务的目标消费者群体，综合考虑年龄、性别、收入和地理位置等因素，以精准满足需求。

换言之，企业应全面深入地了解潜在市场，发掘市场机会，探索消费者"痛点"。此外，还需分析竞争者优、劣势，为产品寻找独特的市场定位，以更好地满足消费者的需求，吸引更多潜在客户。

2. 产品定位和品牌塑造

确定目标市场后，企业需要对产品进行定位，即明确产品在市场上所要扮演的角色。产品定位应当与目标市场相匹配，关注产品的功能、性能、品质、外观等方面。此外，企业还需要通过品牌塑造来强化产品的市场地位。品牌塑造包括但不限于企业形象、品牌故事、品牌口号等方面。品牌塑造应当能够有效传达产品的价值主张，从而吸引目标消费者。

也就是说，企业需要将产品的核心价值和竞争优势传达给目标消费者。这包括通过包装设计、广告宣传、口碑营销等手段来强化品牌形象，提高产品在市场上的知名度。此外，企业还应当不断优化产品的性能和功能，以满足不断变化的市场需求。

3. 价格策略和促销活动

产品的价格策略在引入期策划中至关重要。企业需要结合成本、竞争状况以及消费者的支付意愿来制定合适的价格策略。此外，企业还需要开展各种促销活动，以提高产品的知名度和增强消费者的购买意愿。促销活动可以包括优惠券、折扣、赠品、广告投放等形式。通过有效的促销活动，企业能够在产品引入期迅速吸引消费者关注，为产品在市场上的成功奠定基础。

换言之，企业需要根据成本和竞争状况来制定合理的价格，这有助于确保产品在市场中具有竞争力，同时避免过高或过低的价格影响到产品的销售和利润。此外，企业还应当通过各种促销活动来提高产品的曝光度和购买意愿，这有助于在产品引入期迅速吸引消费者关注，为后续的产品生命周期打下坚实的基础。

总结起来，引入期策划是产品生命周期管理的关键环节之一。在产品的引入期策划中，企业需要关注市场调研与目标市场选择、产品定位和品牌塑造，以及价格策略和促销活动三个方面。通过对这三个方面的精细策划，来确保产品可以在市场中脱颖而出，为后续的产品生命周期打下基础。通过有效的引入期策划，企业能够更好地实现高利润，进一步增强市场竞争力。

三、成长期策划

成长期的产品周期策划至关重要。成功的产品在成长期都能够通过持续创新、优化产品功能、提高客户体验和扩大品牌影响力等手段，实现快速发展。而失败的产品往往在成长期遇到了市场竞争、价格、功能和生态系统等方面的问题，未能成功应对市场变化和客户需求，导致销量和市场份额下滑。在成长期，典型的成功产品周期策划案例包括亚马逊云计算服务和苹果公司的 iPhone，而失败的典型案例则包括谷歌的 Google Glass 和诺基亚的 Lumia 智能手机。

亚马逊在 2006 年推出亚马逊云计算服务（Amazon Web Services，AWS），并在云计算市场的成长期成功地抢占了市场份额，之后通过不断扩展服务类型、调整定价策略、改善服务质量和优化客户体验，逐步巩固了其在云计算市场的领导地位。这使得亚马逊的云计算业务成为公司的重要利润来源之一。

苹果的 iPhone 自 2007 年推出以来，迅速成为智能手机市场的引领者。在成长期，苹果通过持续创新、强化品牌形象、优化产品功能以及与第三方开发者合作，使得 iPhone 的销量不断攀升，市场份额迅速扩大。苹果在这一阶段成功地实现了市场拓展、客户忠诚度提高，为后续的成熟期奠定了基础。

谷歌在 2013 年推出了 Google Glass，虽然在引入期获得了广泛关注，但在成长期却遇到了种种困难，原因包括价格过高、隐私担忧、功能不完善等。这导致 Google Glass 的销量低迷，未能成功进入成长期。2015 年，谷歌宣布暂停 Google Glass 的销售。

诺基亚 Lumia 是诺基亚与微软合作推出的一款智能手机。尽管在引入期受到了一定关注，但在成长期却未能实现快速发展，主要原因包括竞争激烈的智能手机市场、Windows Phone 操作系统的市场接受度较低以及应用生态系统不完善，最终导致诺基亚 Lumia 的市场表现不佳，未能成功进入成熟期。

成长期产品策划之所以至关重要，是因为企业在此周期中面对更多的挑战和目标，如需要面对日益加剧的市场竞争，保持住成长期销售和利润的快速增长，增强客户忠诚度，扩大品牌影响力，适应市场变化等。在市场竞争加剧方面，成长期的产品将面临市场上新的竞争者加入，竞争变得更加激烈，需要有效的产品周期策划来帮助企业在竞争中保持领先地位，吸引更多的客户。在保持快速增长方面，成长期是产品销售和利润快速增长的阶段，企业需要通过创新、优化产品功能和提高客户体验等方式，确保产品的销量和市场份额持续增长。在增强客户忠诚度方面，企业在成长期需要关注客户需求，不断优化产品和服务，提高客户满意度，为企业在成熟期的稳定发展奠定基础。在扩大品牌影响力方面，企业在产品成长期有机会通过有效的市场推广活动，扩大品牌知名度和影响力，来提高市场份额，为后续发展创造有利条件。在适应市场变化方面，在成长期，市场环境和客户需求可能会发生变化，企业需要灵活调整产品策划，以适应市场变化，确保产品在市场中保持竞争力。

面对产品成长期的诸多挑战和目标，在策划的方法和流程方面，企业需要重点关注市场拓展和渠道建设、产品改进与创新，以及竞争对手分析与应对策略三个方面。

1.市场拓展和渠道建设

在成长期，企业需要通过市场拓展和渠道建设来实现销售的快速增长，主要包括以下三个方面。

（1）开发新的目标市场。分析潜在客户群体和需求，进入新的区域和细分市场，以提高市场覆盖率和产品销量。

（2）建立多元化销售渠道。除了传统的线下渠道，企业还可以利用电商平台、社交媒体等线上渠道拓展销售渠道，来覆盖更广泛的客户群体。

（3）加强与经销商和合作伙伴的关系。与经销商和合作伙伴保持良好的合作关系，共同制定合作策略，提高产品在各个渠道的销售效果。

2.产品改进与创新

在成长期，企业需要关注产品改进和创新，以满足不断变化的市场需求，具体做法如下。

（1）持续收集客户反馈。通过调查、访谈和数据分析等方式，了解客户的需求和"痛点"，为产品改进和创新提供依据。

（2）优化产品功能和性能。根据市场和客户需求，对产品功能、性能和设计进行优化，提高产品竞争力和吸引力。

（3）探索新的技术和应用场景。关注行业趋势和技术发展，尝试将新技术应用于产品中，以拓展产品的应用场景和市场潜力。

3.竞争对手分析与应对策略

在成长期，企业需要分析竞争对手的情况，并制定相应的应对策略，主要方法包括如下三个方面。

（1）对竞争对手进行持续监控。了解竞争对手的产品、价格、销售渠道和市场策略等方面的信息，以便及时调整自己的策略。

（2）分析竞争对手的优势和劣势。通过对竞争对手的产品和服务进行深入分析，找出自己产品的优势和劣势，制定针对性的策略。

（3）制定差异化竞争策略。在产品、价格、服务和营销等方面制定差异化竞争策略，以便在激烈的市场竞争中脱颖而出。具体做法包括以下四个方面。

①产品差异化。开发独特的产品功能和设计，来满足特定客户群体的需求，从而与竞争对手的产品区分开来。

②价格差异化。根据目标市场和客户群体的消费能力，制定合适的价格策略，来吸引不同层次的消费者。

③服务差异化。提供优质的售前、售中和售后服务，来提高客户满意度及忠诚度。

④营销差异化。运用创新的营销手段和渠道，有效传达产品优势和品牌形象，吸引潜在客户的关注。

总之，在产品成长期的策划中，企业需要重视市场拓展和渠道建设、产品改进与创新、竞争对手分析与应对策略这三个方面，以确保产品在市场中保持竞争力和销量快速增长，同时充分抓住成长期的市场机遇，为产品的持续发展奠定基础。

四、成熟期策划

当企业的产品进入成熟期后，其从诞生到成熟的过程，往往使其在世界范围内的影响深入人心，例如中国的海尔、吉利汽车和美的，国外的可口可乐、苹果和宝洁等。

产品的成熟期策划，对于维持产品市场份额和持续盈利至关重要。针对成熟期策划，可以从以下三个方面进行分析。

1.市场细分和差异化战略。在产品成熟期，市场竞争越发激烈，企业需要对市场进行细分，找到具有特定需求的目标客户群体，并针对他们制定差异化战略。这包括产品差异化、价格差异化、服务差异化以及营销差异化等。通过实施差异化战略，企业可以在激烈的市场竞争中保持产品的竞争优势。

2.控制成本和提高运营效率。随着产品进入成熟期，市场增长放缓，此时企业需要提高运营效率和降低成本。这包括优化供应链管理、采购成本控制、生产过程优化以及降低库存成本等。通过降低成本和提高运营效率，企业可以在成熟期保持盈利能力。

3.忠诚度计划和客户关系管理。在成熟期，获取新客户的成本往往高于维护现有客户。因此，企业需要重视忠诚度计划和客户关系管理，以提高客户满意度和忠诚度。具体做法可以包括推出会员计划、积分奖励、专属优惠等，以及通过多渠道与客户保持互动，了解客户需求和反馈。通过实施忠诚度计划和客户关系管理，企业可以稳固现有市场份额并提升复购率。

总之，针对产品成熟期的策划，企业需要做到以上三个方面，以此来确保其在市场竞争中的竞争力，维持市场份额并实现持续盈利。

五、衰退期策划

在产品周期的衰退期，市场需求减少，竞争加剧，企业面临产品淘汰、市场份额萎缩等挑战。比如中国市场的百度贴吧和诺基亚，美国市场的柯达、Blockbuster 和 Borders 等。

我们较熟悉的百度贴吧，曾是中国互联网社区的引领者，但随着社交媒体平台如微信、微博等的兴起，百度贴吧在社交领域的市场份额逐步减少。而诺基亚和柯达，则是我们熟悉的另一典型。随着智能手机市场的兴起，诺基亚的市场份额逐渐萎缩，产品逐渐失去优势，最终致使其手机业务被微软收购。

所以，在面对诸多挑战的产品衰退期时，产品周期的策划更显关键。在这一阶段，企业需要通过衰退期策划来应对挑战并寻求新的发展机会，以下三个方面是衰退期策划的关键。

1. 产品淘汰与创新。在产品衰退期，企业需要及时淘汰低效、落后的产品，减少库存和生产成本。同时，企业需要加大研发投入，推出具有竞争力的创新产品，以满足市场变化和消费者需求。通过产品创新，企业有望实现新的市场突破，赢得竞争优势。

2. 资源调整和合理投入。在产品衰退期，企业需要重新评估和调整资源配置，以确保资源能够高效地投入到有发展潜力的领域，包括企业可以削减低效的业务部门，降低生产成本，优化供应链等，来实现资源的合理利用。最终，通过资源调整，企业可以实现降低运营成本、提高盈利能力等目的。

3. 转型战略与新市场开发。处在产品衰退期的企业，需要关注市场趋势，寻求转型战略以实现新的发展，包括进入新的市场领域，发掘新的消费群体或拓展业务范围。企业可以通过市场调研和竞争分析来了解潜在的市场需求和发展趋势，从而制定合适的转型战略。

总之，在产品衰退期，企业需要关注以上三个方面来应对市场挑战并寻求新的发展机会，并通过衰退期策划，来实现持续的盈利和发展。

第二节　企业周期策划

企业周期策划，是指企业根据自身所处的创立、成长、成熟和衰退等不同生命周期阶段，有针对性地制定发展战略、调整产品组合和市场策略，以达到企业实现高利润的目标，使企业在市场中站稳脚跟，实现可持续发展。

在一个充满竞争的市场环境中，一些公司因为精准把握了企业周期策划，成功地在不断变化的市场中稳步前行，实现了高利润。一些公司在同样面临市场变革的情况下，却没有把握住企业周期策划的关键，导致市场份额不断萎缩，最终陷入了困境甚至导致失败。

下面，我们先来研究一下企业周期策划的细节内涵。

一、企业周期概述

企业周期，也被称为企业的生命周期，是指一个企业从创建到成长、成熟、衰退，甚至最终消亡所经历的阶段。在这个过程中，企业的运营状况、市场份额、利润和竞争力会发生显著变化。总的来说，企业周期可以分为以下四个阶段。

1.创立期。在这个阶段，企业需要投入大量资源进行市场推广、渠道拓展和建立品牌形象，使得其产品或服务逐渐被消费者认识。但在该阶段，企业的利润可能还不稳定，甚至可能出现亏损。

2. 成长期。在这个阶段，企业的市场份额逐渐扩大，产品或服务的知名度也不断提高。企业需要不断创新，改进产品或服务，来满足不断变化的市场需求。在该阶段，企业的利润逐渐增长，竞争力得到加强。

3. 成熟期。在这个阶段，企业已经在市场上建立了稳定的地位，企业需要关注成本控制、提高运营效率和客户服务质量。在该阶段，企业的利润逐渐趋于稳定，竞争力较为稳定。

4. 衰退期。在这个阶段，企业的市场份额逐渐萎缩，产品或服务的竞争力下降，企业需要寻求转型、开发新市场或淘汰过时的产品或服务。在该阶段，企业的利润可能出现下滑，竞争力降低。

二、企业周期与经济周期的关系

企业周期和经济周期是相互关联的。经济周期是指国民经济运行中经济增长和衰退交替出现的波动现象，包括四个阶段：繁荣期、衰退期、萧条期和复苏期。企业周期受到宏观经济环境的影响，其波动会对企业经营产生直接或间接的影响。

当经济处于繁荣期时，市场需求旺盛，消费者信心较高，企业有较大的发展空间，这可能使企业的成长期延长，成熟期相对稳定。然而，在经济衰退期和萧条期，市场需求萎缩，消费者信心下降，企业则面临较大的经济和竞争压力，这可能使企业的成长期缩短，成熟期受到挑战，甚至导致企业进入衰退期。在经济复苏期，随着市场需求逐渐恢复，消费者信心提升，企业有机会实现转型，开发新市场，以摆脱衰退期的困境。

尽管企业周期与经济周期存在密切关系，但企业周期的特点和持续时间却因行业、市场竞争状况、技术创新和企业自身战略等因素的差异而不同。有些企业可能在短期内经历了整个企业生命周期，而有些企业则可能在某个阶段停滞了较长时间。

三、企业周期策划的关键步骤

我们已经知道，企业周期策划是一种管理方法，它通过预测、规划和调整企业在经济周期不同阶段的运营策略，来适应市场变化，降低风险，提高企业竞争力。

企业周期策划的关键步骤有三步：一是分析企业所处的周期阶段，二是制定战略目标和计划，三是调整和优化企业资源。通过这三个关键步骤，企业能够针对不同阶段的挑战和机遇，制定合适的周期性策略，从而在经济周期的起伏中保持稳定的发展，实现高利润。

1. 分析企业所处的周期阶段

要制定有效的企业周期策划，首先需要分析企业当前所处的企业周期阶段。企业应充分调查市场状况，分析行业趋势和竞争对手情况，以确定自身在整个周期中的位置。例如，一家初创科技公司通过研究市场趋势和竞争态势，发现自己正处于成长阶段。此外，企业还需要关注内部运营状况，如财务状况、员工素质、生产效率等因素，以确保准确判断其所处阶段。

2. 制定战略目标和计划

在明确企业所处的周期阶段后，企业需要根据不同阶段制定相应的战略目标和计划。在成长期，企业可能需要关注市场拓展、产品创新和品牌塑造。例如，一家初创电动汽车公司积极拓展销售渠道，开发新型电池技术。在成熟期，企业可能需要关注市场细分、降低成本和提高运营效率。

例如，一家成熟的手机制造商通过自动化生产线降低成本，提高产量。而在衰退期，企业可能需要关注产品淘汰与创新、资源调整和转型战略。例如，一家面临市场衰退期的照相机企业转型开发无人机和虚拟现实产品。

此外，在制定战略目标和计划时，企业应考虑内外部环境变化，确保策划切实可行。

3. 调整和优化企业资源

在制定战略目标和计划的基础上，企业需要合理调整和优化资源，以实现策划目标，包括对人力资源、财务资源、物料资源等进行优化配置，以提高整体运营效率。例如，一家家具制造企业在扩张期加大对生产线人员的招聘和培训投入，提高产能。在此过程中，企业应关注关键资源是否短缺和存在潜在风险，采取措施确保资源的稳定供应。同时，企业需要定期评估策划执行情况，根据实际情况及时调整策划方向和内容，以确保企业周期策划的有效实施。

四、企业周期策划的实践方法

以上企业周期策划的关键步骤，为企业提供了周期策划的基本逻辑和结构框架。除此之外，为匹配这些逻辑和结构框架，企业还需要有具体的实践方法，以便为企业在具体实施关键步骤的过程中提供可行性和可操作性建议。

企业周期策划的实践方法包括以下三个部分。

1. 持续关注市场变化和行业趋势

企业需要关注市场需求、客户行为、技术发展等方面的变化，以便实时调整自身的策略。同时，企业还需关注宏观经济环境、政策法规以及行业标准等因素，以确保自身策略的合规性和前瞻性。在此过程中，企业可运用市场调查、数据分析等手段，系统地收集和分析市场信息，以指导策略的制定和实施。

2. 深入分析竞争对手和自身优势

企业需要了解竞争对手的产品特点、市场策略、发展动态等信息，以便制定有针对性的应对措施。同时，企业还需认清自身的核心竞争力和优势资源，如品牌知名度、技术创新能力、生产效率等。在此基础上，企业可以针对竞争对手的弱点和自身优势制定差异化竞争策略，从而在激烈的市场竞争中脱颖而出。

3. 根据市场变化和竞争状况，调整产品组合和市场策略

在产品组合方面，企业需要关注产品线的多样性和平衡性，以满足不同客户群体的需求。例如，企业可以通过研发新产品、优化现有产品或淘汰过时产品来调整产品组合。在市场策略方面，企业需要关注市场定位、渠道建设、营销策略等的优化，如可以根据市场需求、竞争态势和自身能力来调整市场策略，以提高市场份额和利润水平。

通过以上三个实践方法，企业可以更好地把握市场变化和竞争态势，制定和执行有效的企业周期策略，从而在不断变化的市场环境中实现高利润。

五、企业周期策划的风险管理

收益与风险总是相伴而行的。企业周期策划在追求实现高利润的同时，也面临着诸多不确定性和风险。有效的风险管理对于企业在周期策划中的成功至关重要，企业可以通过风险管理降低周期策划过程中的不确定性，提高企业的抗风险能力，从而实现高利润和可持续发展。

企业周期策划的风险管理是一个涵盖预测和应对经济波动、确保企业

稳定增长以及调整企业战略以适应市场变化等多个方面的综合过程。

1. 预测和应对经济波动

预测和应对经济波动是企业周期策划过程中重要的组成部分。预测和应对经济波动是企业风险管理的重要组成部分。企业应建立有效的经济波动预测体系，通过收集和分析各种宏观经济数据，了解企业所处行业的经济趋势。同时，企业需要制定相应的应对措施，包括对市场策略、成本控制和投资计划等进行灵活调整，以减少经济波动对企业经营的影响。

2. 确保企业稳定增长

企业周期策划的风险管理应关注企业的稳定增长。在不同的周期阶段，企业需要关注市场份额、营收和利润等关键指标的稳定增长。通过对内部资源的合理配置，强化研发能力、提高生产效率和优化供应链管理等方面的工作，确保企业在市场竞争中保持竞争力。此外，企业通过对外合作和市场拓展等方式来拓展其盈利渠道，实现多元化和持续增长。

3. 调整企业战略以适应市场变化

随着市场环境的变化，企业需要及时调整战略以适应新的形势。企业通过对市场趋势、客户需求和竞争对手的深入分析，调整企业的产品组合、市场定位和竞争策略。同时，企业还需关注政策、法规等外部因素的变化，以确保企业战略的合规性和可持续性。

第三节　经济周期策划

在商业领域，企业周期策划和经济周期策划都是至关重要的战略思维工具。尽管两者都关注周期性变化，但它们在目标、范围和方法上有所不同。企业周期策划关注企业自身的生命周期，主要目标是优化企业资源、提高竞争力和实现高利润。而经济周期策划则关注整个宏观经济环境的周期性变化，目标是帮助企业在不同经济阶段应对挑战，实现稳健增长和可持续发展。

经济周期策划在战略思维中的重要性不言而喻。一方面，它能帮助企业更好地了解宏观经济环境，把握行业发展趋势，从而更有针对性地制定战略目标和计划。另一方面，通过对经济周期的预测和应对，企业可以提前调整资源配置，来适应市场变化，降低经济波动带来的风险。因此，将经济周期策划纳入企业战略思维，对于实现高利润至关重要。

一、经济周期概述

经济周期，是指国家或地区整体经济活动在一定时间内经历的自然波动过程。它反映了市场经济中的供求关系、投资和消费活动等经济要素的周期性变化。要了解经济周期，就需要探讨它的基本特点、所包含的各个阶段，以及影响经济周期的主要因素等方面。

1. 经济周期的基本特点

经济周期的基本特点包括周期性、波动性、不确定性和普遍性。周期性，指的是经济活动在一定时间内呈现出规律性的波动；波动性，则表示经济周期中的上升和下降阶段并不总是平稳和均衡的；不确定性，意味着经济周期的波动具有随机性，很难准确预测；普遍性，则表示经济周期的现象普遍存在于市场经济体系中的各个国家和地区。

2. 经济周期的四个阶段

经济周期通常可以划分为衰退、复苏、繁荣和过热四个阶段。衰退阶段表现为经济活动放缓、失业率上升、企业利润下降；复苏阶段则是经济开始回升、产出增长、失业率降低；繁荣阶段是经济活动达到高峰，产出和利润最大化；过热阶段则是经济过度扩张，导致出现通货膨胀、资源紧张等问题。不同阶段的经济周期对企业战略的制定和实施具有重要影响。

3. 影响经济周期的主要因素

经济周期受多种因素影响，主要包括政策因素、货币政策、财政政策、国际贸易、科技创新等。政策因素是政府通过制定和实施经济政策来影响经济活动的波动；货币政策是通过调整利率和货币供应来影响经济增长；财政政策是通过调整税收、政府支出等来调控经济；国际贸易是指在全球范围内进行商品和服务交流，对经济活动产生重要影响；科技创新则是推动经济增长的重要动力，可以促进生产率提高、市场扩张等。

对经济周期的深入了解，有助于企业更好地把握市场变化，制定适应经济周期不同阶段的战略和决策，来更加精准地进行市场预测和战略规划，从而在各个经济周期阶段实现利润的最大化，将企业发展引向更加稳健和可持续的方向。企业要运用经济周期的相关知识，将其纳入战略思维，有效地应对和把握市场机遇，以在各个经济阶段实现高利润。

二、了解并分析经济周期

只有了解情况后，才能采取相应的策划。了解并分析经济周期，是企业进行经济周期策划的基础。企业至少要在三个方面了解和分析经济周期，才能在掌握相关信息的基础上，制定出更加合理和科学的经济周期策划。这三个方面包括关注宏观经济数据和指标、追踪行业趋势和市场需求、识别经济周期的变化信号。

1. 关注宏观经济数据和指标

为了更好地了解和分析经济周期，企业需要关注一系列宏观经济数据与指标，具体包括国内生产总值（GDP）、失业率、通货膨胀率、利率、货币政策等，以帮助企业判断当前经济所处的阶段，进而采取相应的策略。

2. 追踪行业趋势和市场需求

除了关注宏观经济数据和指标，企业还需要密切关注所处行业的发展趋势和市场需求，包括行业增长速度、市场容量、技术进步、政策法规等。通过对这些因素的分析，企业可以了解行业和市场的发展方向，以制定适应经济周期变化的策略。

3. 识别经济周期的变化信号

在经济周期中，各个阶段的特征和信号不同。企业需要学会识别这些信号，以便作出及时的调整。例如，在经济衰退阶段，失业率上升、生产减缓、消费者信心下降等现象可能出现。而在经济繁荣阶段，企业和消费者信心增强、投资和消费增加、失业率下降等特征可能显现。通过分析这些信号，企业可以判断经济周期的变化趋势，进而为制定相应的策略做好准备。

三、制定经济周期策划战略

在了解并分析经济周期的基础上，企业可以制定相应的经济周期策划战略，它们是企业在不同经济阶段采取相应措施实现高利润的关键。

以下是制定经济周期策划战略三个方面的主要内容。

1. 适应性战略规划：在不同经济阶段采取不同战略

为了应对经济周期的变化，企业需要灵活制定适应性的战略规划，以便在市场中取得成功。

在经济衰退期，企业可能会采取降低成本、提高效率和保持现有市场份额等策略。例如，2008年国际金融危机期间，通用电气公司采取了成本削减措施来抵御市场风险，并成功渡过难关。

随着经济的复苏，企业需要重点关注市场拓展、新产品开发和提高竞争力等方面。例如，苹果公司在2009年的经济衰退期，推出了第一代iPad，这一产品迅速成为市场上的畅销产品，为公司带来了巨额利润。

在经济繁荣期，企业可以加大投资、扩大市场份额和提高盈利能力等。例如，微软公司在20世纪90年代末至21世纪初的互联网繁荣时期，通过投资扩大市场份额，成为全球最有价值的公司之一。

但是，当经济过热时，企业需要关注风险控制、优化资源配置和保持可持续发展等方面。例如，2008年至2009年，中国的房地产市场经历了疯狂的增长，许多房地产开发商加大投资以获得更多的回报。但是，当房地产热潮退去，很多企业陷入了财务困境。因此，对于企业来说，要注意避免过度投资和冒险行为，来确保可持续发展。

2. 短期和长期目标的平衡

在制定经济周期策略规划时，企业需要考虑如何平衡短期和长期目标。短期目标主要关注当前经济阶段的问题和挑战，而长期目标则更加关注企业的整体发展和未来战略。在制定战略时，企业需要确保在实现短期目标的同时，不影响长期目标的实现。

例如，中国电信在应对经济周期波动时采取了平衡短期和长期目标的策略。在经济下行期，该公司通过优化资产结构和降低经营成本等措施应对挑战，同时进行长期战略规划，积极布局5G网络，推动数字化转型，为公司的长期发展打下基础。在经济上行期，中国电信则加大投资力度，提高市场份额，推进全网覆盖和升级换代，来进一步提升公司的长期竞争力。

3. 利用经济周期机会进行市场拓展和资源整合

在经济周期的不同阶段，企业会面临经济周期带来的各种机会，因此企业应抓住这样的机会来进行市场拓展和资源整合。在经济衰退阶段，企业可以利用低估值的资产进行收购和整合；在经济复苏阶段，企业可以通过市场拓展和新产品开发来提高竞争力；在经济繁荣阶段，企业可以加大投资和扩大市场份额；而在经济过热阶段，企业应关注风险控制和资源优化。

四、调整企业运营与管理以适应经济周期

在制定经济周期策划战略的基础上，企业还需要调整运营与管理方式来适应经济周期，这包括财务、供应链及人力资源等方面的内容。

1. 财务管理：保持灵活的财务策略，降低风险

在经济周期的不同阶段，企业需要保持灵活的财务策略来应对市场和经济环境的变化，主要包括保持适当的负债水平，优化资本结构，确保充足的现金流以应对各种不确定性。在经济衰退阶段，企业应重点关注成本

控制和现金流管理；而在经济繁荣阶段，企业则可以加大投资和扩大市场份额。

举例来说，一家企业采取灵活的财务策略来应对不同的经济周期。在经济衰退期，这家企业采取了降低成本和加强现金流管理的策略，同时通过维持产品的高品质和研发新产品来保持市场份额。而在经济繁荣期，这家企业则大力投资研发新产品，并加大市场营销力度，以扩大市场份额和提高盈利能力。

2. 供应链管理：优化供应链以适应市场需求变化

在经济周期的不同阶段，企业需要优化供应链管理，以适应市场需求的变化，主要包括与供应商建立紧密的合作关系，提高生产效率，确保产品质量。在经济衰退阶段，企业应关注库存管理和降低采购成本；在经济复苏阶段，企业需要关注生产能力的提升和新产品的研发；在经济繁荣阶段，企业可以寻求供应链整合和提高供应链效率。

以丰田公司为例，该公司在全球范围内成功地优化了供应链管理，从而实现了生产效率和产品质量的提高。在经济衰退阶段，丰田公司采取了库存管理和降低采购成本等策略来适应市场需求的变化。在经济复苏阶段，丰田公司提高了生产能力，并推出了一系列新产品，如丰田普锐斯混合动力汽车，在市场上取得了很大成功。在经济繁荣阶段，丰田公司优化了供应链管理，整合了供应商和生产线，提高了生产效率和供应链的可持续性，从而实现了更高的效益和市场份额。

3. 人力资源管理：弹性用工，提高员工适应性和效率

在经济周期的不同阶段，企业需要调整人力资源管理策略，以应对市场和经济环境的变化，主要包括实行弹性用工制度，提高员工的适应性和

效率，关注员工培训和发展。在经济衰退阶段，企业可能需要进行人员裁减或调整员工结构；在经济复苏阶段，企业需要关注人才引进和员工培训；在经济繁荣阶段，企业则需要关注员工激励和福利制度。

以腾讯公司为例，该公司在经济周期的各个阶段，成功地调整了其人力资源管理策略。在经济衰退时，腾讯公司通过优化组织结构、减少人员成本等方法，有效应对了市场需求的变化。在经济复苏时，腾讯公司通过加强人才引进和员工培训，提高了员工的适应性和效率。在经济繁荣时，腾讯公司则关注员工激励和福利制度，通过为员工提供更好的工作环境和福利待遇，提高了员工的士气和忠诚度。

第二章　资产性策划

资产性策划是企业战略思维的重要组成部分，关乎企业如何在不断变化的市场环境中配置和利用资产，以实现高利润。在这一章中，我们将探讨轻资产策划、重资产策划以及资产配置与优化等方面的内容。

轻资产策划主要关注企业如何在最小化固定成本的同时，提高盈利能力。轻资产企业往往更加灵活和高效，更容易应对市场变化。在第一节，我们将深入研究轻资产策划的优势和实施方法。

重资产策划强调企业在基础设施、生产设备和人力资源等方面的投入，以提高产能和市场份额。在第二节，我们将探讨重资产策划的重要性，以及如何在高投入的情况下实现高利润。

资产配置与优化则聚焦于企业如何在不同资产之间实现合理的配置，以达到最佳的整体表现。在第三节，我们将讨论资产配置的原则，以及在市场环境变化中如何调整资产配置来保持竞争力。

第一节　轻资产策划

在竞争激烈的市场环境中，企业在追求高利润的过程中，往往需要对资产配置进行仔细的考虑。

作为一种具有广泛应用的战略思维，轻资产策划，是旨在通过优化资产配置、降低固定成本、提高运营效率等方式来实现高利润的策划活动。

在接下来的内容中，我们将深入探讨轻资产的定义与特点、优势与挑战，并与重资产策划进行比较。同时，我们将详细剖析轻资产策划的关键要素，以及如何实施轻资产策划的策略与方法。此外，本节还将探讨轻资产策划与企业成长的关系，以及在实施轻资产策划过程中可能面临的风险与挑战。希望通过这一系列的讨论，能够让读者对轻资产策划有一个全面的认识，从而为企业实现高利润奠定坚实的战略基础。

一、轻资产的定义与特点

1.轻资产定义

轻资产企业的显著特点为：拥有较少的固定资产，如厂房、设备等，而更多地依赖知识产权、品牌、人才等无形资产。这种模式可以有效降低企业的投入成本，提高企业运营的灵活性和竞争力。

世界上有很多著名的轻资产企业，如阿里巴巴（中国最大的电商平台）、美团（综合性生活服务平台）、滴滴出行（国内提供出行服务的特大型平台）、Uber（优步，全球著名打车平台）等。

2.轻资产特点

（1）低固定成本。轻资产企业往往拥有较低的固定成本，如设备、厂房等，从而降低企业的负担和风险。

（2）高运营效率。通过优化资产配置，轻资产企业可以更快地应对市场变化，提高企业生产效率和竞争力。

（3）知识密集型。轻资产企业通常注重知识产权、技术创新和人才的培养，从而实现企业的持续增长。

（4）高盈利能力。由于较低的固定成本和高运营效率，轻资产企业往往具有较高的盈利能力和回报率。

（5）灵活性。轻资产企业的运营更加灵活，能够迅速调整战略以适应不断变化的市场环境。

二、轻资产策划的优势与挑战

轻资产策划具有资本效率高、扩张速度快、灵活性强、风险较低、创新能力强等优势，但同时也存在着知识产权保护、人才竞争、合作伙伴关系管理、市场竞争和法规政策风险等挑战。

1. 轻资产策划的优势

（1）资本效率高。轻资产企业通常不需要投入大量资金在实体资产上，如建筑、设备和库存等，这使得企业可以将更多的资金投入到创新和研发、市场拓展以及提高运营效率等方面，从而提高资本效率。

（2）扩张速度快。由于轻资产企业的核心竞争力往往来自其技术、服务和品牌等方面，使得企业在市场拓展和规模扩张时具有较高的速度。例如，滴滴出行在短时间内就实现了在全国范围内的快速扩张，建立起了庞大的用户群和合作司机网络。

（3）灵活性强。轻资产企业通常具有较高的组织和运营灵活性，能够快速适应市场变化和客户需求。例如，美团在新冠疫情期间迅速调整业务策略，增加外卖和生鲜电商业务，以满足居民居家消费需求。

（4）风险较低。轻资产企业的资本成本和固定成本较低，使得企业在面临市场波动和不确定性因素时具有较高的抗风险能力。例如，蚂蚁集团在金融市场波动时，由于不拥有实体银行和金融机构，能够降低潜在的风险敞口。

（5）创新能力强。轻资产企业往往更注重创新和研发，通过技术进步和研发创新来提高竞争力，这使得轻资产企业在面临竞争和市场变化时，具有较高的创新和应对挑战的能力。

2. 轻资产策划的挑战

（1）知识产权保护。轻资产企业的核心竞争力通常来自知识产权、技术和服务等方面，因此保护知识产权至关重要。然而，知识产权保护面临一定的挑战，如侵权行为、技术泄露等问题，因此，企业亟须运用法律和技术等手段来保护好知识产权，以避免企业权益受到损害。

（2）人才竞争。轻资产企业对人才的依赖程度较高，尤其是技术和管理人才。在人才市场竞争激烈的情况下，吸引和留住优秀人才成为一大挑战。

（3）合作伙伴关系管理。许多轻资产企业依赖于同合作伙伴的协同作战，如供应链合作、渠道合作等。在这种情况下，建立和维护稳定的合作伙伴关系变得尤为重要，同时也面临一定的挑战。

（4）市场竞争。由于轻资产企业的市场进入门槛相对较低，竞争对手可能迅速涌现。因此，轻资产企业需要不断提升自身竞争力，防止被竞争对手超越。

（5）法规和政策风险。在经营过程中，轻资产企业可能随时面临法规和政策的不确定性，尤其是在新兴行业和跨国市场中。因此，企业需要密切关注政策变化，以及时调整业务策略，降低潜在风险。

三、轻资产与重资产策划的比较

在企业资产管理中，轻资产策划和重资产策划是两种截然不同的方法，尽管它们在目标上有一定的相似之处，但在实施过程中，它们在资产配置、运营模式等方面却存在显著差异。

1. 相似之处：都是企业资产管理的一部分

无论是轻资产策划还是重资产策划，它们的最终目标都是为企业创造价值并实现可持续发展。这两种策划方法都需要企业进行全面的市场分析、资源整合和战略规划，以确保资产能够在不同的市场环境下保持竞争力。

2. 不同之处：资产配置、运营模式等方面的差异

（1）资产配置。轻资产策划强调降低固定资产投入，通过外包、合作等方式将企业的核心资源集中在研发、设计和服务等方面。而重资产策划则注重投资于生产设备、工厂和其他固定资产，以增强企业在生产、供应链管理等方面的控制力。

（2）运营模式。轻资产企业通常采取高度灵活和敏捷的运营模式，快速应对市场变化，对外部环境变化具有较强的适应性。而重资产企业则依赖于稳定的生产和供应链体系，运营模式相对较为稳定，对市场变化的反应速度可能较慢。

（3）成本结构。轻资产企业的成本结构以人力资源和知识产权为主，固定成本相对较低。而重资产企业的成本结构以固定资产折旧、原材料和能源等为主，固定成本较高。

（4）风险承担。轻资产企业由于资本投入较低，面临的财务风险相对较小。然而，由于高度依赖外部资源和合作伙伴，它们可能面临较大的供应链和市场风险。相反，重资产企业由于资本投入较高，面临的财务风险较大，但对外部环境的依赖程度较低，因此可能具有较强的市场稳定性。

四、轻资产策划的实施步骤

要实施轻资产策划，企业需要遵循以下五个步骤。

1. 分析现有资产结构

企业首先需要了解自身现有的资产结构，明确企业的资产类型、价值和分布。这有助于企业找出可以优化的部分，为轻资产策划奠定基础。例如，某制造企业发现其在不同地区拥有多个低产出的工厂，这些工厂大量占用了企业资产。为了优化资产结构，企业决定合并部分工厂，减少对固定资产的依赖，从而实现轻资产策划。

2. 确定轻资产目标与策略

在分析现有资产结构的基础上，企业需要设定轻资产策划的目标，如降低成本、提高运营效率、加速市场反应等。例如，某电商企业希望通过轻资产策划降低仓储和物流成本，提高市场反应速度。同时，该电商企业还需制定相应的策略来实现这些目标，如选择与第三方物流公司合作，将仓储和配送任务外包，从而减少固定资产投入，降低成本。此外，企业还采用了云计算和虚拟化技术来提高运营效率和市场反应速度。

3. 优化资产配置与管理

企业在确定轻资产目标和策略后，应着手优化资产配置，将资源集中在核心业务上，同时适当削减非核心业务的投入。例如，某软件开发公司在分析后决定将重心放在云计算服务上，而逐渐减少传统 IT 服务的投入。此外，企业还需优化资产管理，提高资产使用效率，确保轻资产策划的顺利推进。为了实现这一目标，该软件开发公司通过引入先进的项目管理软件和工具，对项目资源进行统一管理和调配，大幅提高了资产使用效率，确保了轻资产策划的顺利进行。

4. 跟踪与评估轻资产策划的效果

为了确保轻资产策划能够实现预期目标，企业需要对策划过程进行持续的跟踪与评估。例如，某家快递公司在实施轻资产策划后，将关注各个环节的成本、效率和客户满意度等指标。通过对比实际效果与预期目标，企业可以发现问题并采取相应措施进行调整。在评估过程中，该快递公司发现虽然与第三方物流公司合作降低了成本，但客户满意度却在下降。为了解决这个问题，企业加强了与第三方物流公司的沟通和监督，提高了服务质量，最终实现了轻资产策划的预期目标。

5. 持续优化轻资产策划

轻资产策划并非一次性活动，而是一个持续的过程。企业需要根据市场变化和自身发展情况，不断优化轻资产策划，确保其始终适应企业的发展需要。例如，某家连锁餐饮企业在初期通过外包部分后厨服务实现了轻资产策划。然而，随着市场竞争的加剧和消费者需求的变化，该企业发现自身的特色菜品和服务品质需要进一步提升。因此，企业调整轻资产策划，将部分核心菜品的生产和研发工作重新内部化，以确保品质和特色，同时继续保持轻资产的优势。通过这样的持续优化，确保了企业轻资产策划始终符合其发展战略。

总之，实施轻资产策划需要企业对现有资产结构进行分析，制定明确的目标和策略，并通过优化资产配置与管理来实现这些目标。在整个过程中，企业需要持续跟踪和评估策划效果，并根据需要对策划进行调整和优化。

五、轻资产策划的案例分析

下面，我们分析两个轻资产策划的案例，一个成功案例和一个失败案例。通过这两个案例的对比分析，我们可以了解轻资产策划在实际运用中的优点和可能遇到的问题与挑战。

成功案例：某金融科技公司

某金融科技公司的业务涵盖了支付、贷款、保险、理财等多个领域，通过轻资产策划，成功将自身打造成了一个高效、灵活的金融服务平台。在轻资产策划的过程中，该公司突出了以下三个优势。

（1）资源整合。通过互联网技术，该公司实现了金融资源的高度整合，有效降低了成本。

（2）创新业务模式。该公司不断创新业务模式，以满足客户的多元化需求。

（3）合作共赢。该公司积极与各类金融机构合作，形成了共享客户资源、互利共赢的合作关系。

失败案例：某知名互联网企业的轻资产尝试

某知名互联网企业在尝试轻资产策划的过程中，遇到了诸多问题与挑战，最终导致轻资产策划的失败。以下是该企业在轻资产策划过程中遇到的主要问题。

（1）知识产权保护不足。在尝试轻资产策划的过程中，企业未能有效保护其核心技术与知识产权，导致竞争对手模仿，削弱了企业的竞争优势。

（2）人才稀缺。由于轻资产策划对人才的需求较高，企业在人才招聘与培养方面未能跟上，导致企业业务发展受限。

（3）合作伙伴选择失误。企业在选择合作伙伴时，过于注重降低成本，忽略了合作伙伴的信誉与能力，导致合作项目出现问题。

第二节　重资产策划

第一节我们探讨了轻资产策划的内容，其中简略涉及了一些重资产策划的内容。在本节，我们将重点探讨重资产策划的概念、目标、方法、实施步骤、挑战与应对措施等内容，并辅以若干成功案例来加深对这些内容的埋解。

重资产策划，顾名思义，主要针对企业中的重资产进行策划和管理。重资产通常指那些价值较大、使用寿命较长的固定资产，如土地、建筑、设备、基础设施等。这些资产通常需要较大的投资，对企业的长期竞争力和盈利能力具有重大影响。因此，有效地进行重资产策划，对于实现企业的可持续发展具有重要意义。

在企业战略思维中，重资产策划对于企业的运营和发展具有关键性作用。首先，通过对重资产的策划和管理，企业可以提高资产使用效率，降低运营成本，从而实现成本节约和效益最大化。其次，重资产策划有助于企业实现资本保值与增值，提高企业的竞争优势。最后，通过对重资产的配置与优化，企业可以实现资源合理利用，为未来发展创造更多机会。

下面，我们就进一步深入探讨重资产策划的主要目标、方法、实施步骤、挑战与应对措施以及成功案例，为企业有关重资产策划的理论和实践提供参考与指导。

一、重资产策划的主要目标

重资产策划的主要目标，包括提高资产使用效率、降低运营成本、实现资本保值与增值以及提高企业竞争优势。以下将详细阐述这四个目标的内涵和实现途径。

1. 提高资产使用效率

资产使用效率是衡量企业对其资产进行有效利用的重要指标。在重资产策划中，提高资产使用效率意味着合理配置资源、降低闲置和浪费，从而提高企业的生产和运营能力。为实现这一目标，企业应对现有资产进行全面盘点与评估，优化资源配置，以确保资产在生产过程中发挥最大效用。

2. 降低运营成本

降低运营成本是企业追求利润最大化的关键措施之一。在重资产策划过程中，企业需通过对资产的有效管理和运营来降低其采购、维护、更新等方面的成本。此外，企业还可以通过技术升级、流程优化等方式，提高生产效率，来进一步降低运营成本。

3. 实现资本保值与增值

资本保值与增值是企业实现长期可持续发展的重要目标。在重资产策划中，企业应关注其资产价值的变动趋势，并通过合理的投资策略、项目评估和资产运营管理，实现资本的保值与增值。此外，企业还应关注市场变化和行业发展趋势，调整其资产策略，以适应不断变化的市场环境。

4. 提高企业竞争优势

在激烈的市场竞争中，企业竞争优势的形成和巩固至关重要。重资产策划通过优化企业资产结构，提高资产使用效率，降低运营成本，为企业创造更多价值。同时，通过资本保值与增值，企业可进一步加强其市场地位和竞争力。因此，有效的重资产策划有助于企业在市场中占得先机，提高竞争优势。

在实践过程中，企业应根据自身特点和发展战略，综合考虑以上四个目标，制订合适的重资产策划方案。通过对重资产策划目标的深入分析，企业能更好地理解重资产策划在整体战略中的作用，进而有针对性地制订并实施有效的重资产策划方案。

二、重资产策划的主要方法

为实现重资产策划的各项目标，企业需采取一系列有效的方法来制订和实施策划方案，主要包括以下四种方法。

1. 资产盘点与评估

资产盘点与评估是资产策划的重要内容，目的是了解企业现有资产的类型、数量、价值和使用状况。例如，一家制造企业需要进行资产盘点和评估，以确定其生产线的机器和设备数量与价值，以及这些资产的使用情况和维护需求。另外，一家房地产公司需要对其持有的房地产进行资产盘点和评估，以了解它们的市场价值和租赁收入等情况。

企业应定期进行资产盘点，以确保资产信息准确无误。例如，一家餐饮连锁企业每年需要对其门店设备、厨房用具、配送车辆等进行盘点，以确保这些资产能够正常使用，并及时发现和解决问题。

此外，企业还需对资产进行价值评估，以了解资产的价值变动趋势和潜在风险，为后续的策划决策提供依据。例如，一家股票投资基金公司需要对其持有的股票组合进行定期的价值评估，以了解基金投资组合的收益和风险水平，并根据评估结果进行资产配置，做出交易决策。

2. 资产重组与整合

资产重组与整合旨在优化企业资产结构，提高资产使用效率。例如，一家电子产品制造商通过收购一家半导体公司，扩大其在芯片领域的业务，进一步完善其产品线。另外，一家化工企业可以通过剥离其非核心业务，集中精力发展优势业务，提高公司整体竞争力。

企业可通过收购、兼并、剥离、转让等方式，对现有资产进行调整和重组。例如，一家酒店集团可以通过收购其他酒店，扩大其市场份额和品牌影响力。另外，一家零售企业也可以通过转让其不赚钱的门店，减少成本和负担，提高盈利水平。

此外，企业还需关注内部资产的整合，如合理配置生产线、设备、人力资源等，以实现资源共享和协同效应。例如，一家汽车制造企业需要将其生产线、设备和人员进行合理组合，以提高生产效率和降低成本，从而在市场上保持竞争优势。

3. 投资决策与项目评估

投资决策与项目评估是实现资本保值与增值的关键环节。例如，一家金融公司需要对其投资组合进行定期的风险评估和收益评估，以了解其持有的证券、债券和其他金融资产的价值和风险状况，并根据评估结果进行投资组合的调整和优化。

企业在进行重资产策划时，应充分考虑投资风险与收益，对潜在投资项目进行综合评估。例如，一家房地产开发企业需要对其开发项目进行评估，以确定项目的市场前景、成本效益、技术可行性以及是否符合法规政策等因素，以确保项目能够成功开发并盈利。

评估过程中，企业需关注项目的各个方面，以确保投资决策的合理性和有效性。例如，一家制造业企业需要对其研发新产品的投资进行评估，以判断新产品的市场需求、研发成本、生产成本和预期收益等因素，从而决定是否继续研发和推出新产品。

4. 资产运营与管理

资产运营与管理是实现重资产策划目标的重要手段。例如，一家银行需要建立健全资产管理制度和流程，明确不良资产的处理流程，加强风险管理和控制，以确保资产的安全和合规运营。

企业应建立健全资产管理制度和流程，明确资产管理责任，确保资产的合规使用和维护。例如，一家能源企业需要制定能源管理策略和流程，规范能源采购、使用和监测等方面的行为，以楻高能源使用效率和降低成本。

此外，企业还需关注资产运营的效益，通过技术创新、流程优化等措施，提高生产效率，降低运营成本。例如，一家制造企业可以通过引入智能制造技术，实现生产自动化和智能化，提高生产效率和降低生产成本。

同时，企业应注重环保和社会责任，确保资产运营的可持续性。例如，一家化工企业需要建立环境管理制度和流程，加强环境监测和治理，降低对环境的影响，并承担社会责任，为当地社区创造更多的就业机会。

总之，重资产策划目标的实现，离不开以上四种主要方法的应用与执行。企业应根据自身情况，综合运用这些方法，进而制订出有效的重资产策划方案。此外，在实践过程中，企业还需保持灵活性和创新意识，不断调整和优化策略，以应对不断变化的市场环境和挑战。

三、重资产策划的挑战与应对措施

实施重资产策划过程中，企业需要面对一系列挑战。下面，我们对这些挑战进行分析，并提出相应的应对措施。

1. 市场变化的不确定性

市场环境的快速变化给重资产策划带来了不确定性。例如，一家零售企业需要密切关注市场动态，以应对不断变化的消费需求和竞争压力，及时调整产品组合和营销策略，保持市场竞争力。

为应对这一挑战，企业需保持敏锐的市场观察力和快速的应变能力，以便及时调整策划方案。例如，一家金融公司需要通过持续的市场调研和分析，了解市场变化趋势和风险状况，及时调整投资组合和资产配置，提高资本运营效率。

此外，通过引入市场预测和风险分析工具，企业能够提前预测市场变化趋势，从而为策划决策提供有力支持。例如，一家电信企业需要通过市场预测工具了解未来的通信技术趋势和市场需求，以便调整产品研发方向和市场战略。另外，一家保险公司可以利用风险分析工具，评估投保人的风险水平和赔付概率，以确定保险费率和制定风险管理策略。

2. 投资风险与收益权衡

在制订重资产策划方案时，企业需要在投资风险和预期收益之间寻求平衡。例如，一家私募股权投资企业需要对潜在的投资项目进行全面严格的评估，以确定项目的市场前景、投资回报率、法律风险等因素，来确保投资决策的合理性和有效性。

为了实现投资风险和预期收益的平衡，企业应对潜在投资项目进行全面严格的评估。例如，一家能源企业需要对投资新的能源项目进行评估，来确定项目的技术可行性、成本效益和环境风险等因素，以确保项目的可行性和投资回报率。

企业进行以上活动的同时，通过设立风险控制机制和应急预案，来降低投资风险，提高投资收益。例如，银行需要通过建立完善的风险管理制度和应急预案，来加强对贷款、信用卡等风险的管控和预警，最终确保投资的安全性和稳健性。

3. 法规政策的影响

重资产策划受到法规政策的制约，企业需关注政策动态，遵守相关法律法规。例如，医疗器械企业需要密切关注国家医疗器械管理法规和政策，确保其产品的注册和上市符合法规要求，避免法律风险。

在制订策划方案时，企业应充分考虑政策导向和法规限制，以确保策划方案的合规性。例如，新能源企业需要在制订电动汽车生产计划时，考虑政府对新能源汽车的政策和补贴，遵守相关法规要求，确保其产品在市场上合法合规。

此外，企业还需与政府部门、行业协会等保持良好沟通，为策划实施提供有利的政策环境。例如，一家食品加工企业可以与当地政府部门合作，制定食品安全管理制度和流程，加强对食品安全的监管和监测，为企业的生产和发展提供有力的政策支持和保障。

4. 跨部门协同与沟通

重资产策划涉及多个部门，需要高度的协同与沟通。因此，为促进部门间的协作，企业应建立有效的沟通机制和协调制度，确保信息的及时传递和问题的迅速解决。同时，企业还需加强内部培训，来提高员工的跨部门协同能力，从而提高重资产策划的实施效果。

例如，某电信公司需要协调多个部门的资源和能力，共同推进5G网络的建设和运营。某制造企业可以建立定期的协调会议制度，邀请各部门负责人参与，协调生产计划和资源调配，以提高生产效率和降低成本。某金融公司可以开展内部培训，提高员工的风险管理和投资能力，促进跨部门合作和知识共享。某汽车制造企业可以建立内部协作平台，促进研发、设计、生产等部门的协同与合作，提高新产品开发和制造的效率和质量。此外，企业还可以采用信息技术工具，如协同办公平台、在线沟通工具等，提高跨部门协同和信息共享的效率与质量。

总而言之，面对市场变化、投资风险、法规政策等挑战，企业需要采取一系列应对措施，才能更好地实现重资产策划的目标资本的保值与增值，提高资产使用效率，降低运营成本，增强企业竞争优势。

四、成功的重资产策划案例分析

探讨了有关重资产策划在目标、方法、挑战与应对方面的理论知识，下面，我们来介绍三个成功的重资产策划案例，以帮助读者更好地理解重资产策划在不同行业中的应用及其成果。

案例 1：某制造业企业的重资产策划实施

某制造业企业面临着市场竞争加剧和产能过剩的问题，为了提高资产使用效率和降低运营成本，该企业决定实施重资产策划。首先，企业进行了全面的资产盘点与评估，分析现有资产状况。其次，通过资产重组与整合，该企业优化了生产线和设备布局，提高了生产效率。最后，通过投资决策与项目评估，该企业有针对性地进行了技术升级和设备更新。经过这一系列措施，该企业成功提高了资产使用效率，降低了运营成本，增强了市场竞争力。

案例 2：某基础设施行业的重资产策划应用

某基础设施行业企业，面临政策调整和投资回报压力，为了实现资本保值与增值，决定进行重资产策划。首先，企业对现有项目进行了全面审查，通过资产盘点与评估，找出了潜在的可以优化的点。其次，企业对项目进行了资产重组与整合，提高了资源配置效率。再次，通过与政府部门和行业协会的紧密沟通，企业争取到了有力的政策支持。最后，在策划实施过程中，企业成功实现了资本保值与增值，提高了投资收益。

案例3：某房地产企业的重资产策划优化

某房地产企业在市场竞争中面临着土地成本上升、销售压力增大等问题。为提高竞争优势，企业开始实施重资产策划。首先，企业对现有项目进行了资产盘点与评估，分析了各项目的盈利能力和风险。其次，企业通过资产重组与整合，优化了项目布局和投资结构。再次，在策划实施过程中，企业还关注法规政策的变化，确保策划方案的合规性。最后，经过重资产策划的优化，企业成功提高了竞争优势，实现了可持续发展。

通过以上三个案例，我们看到了重资产策划在不同行业中的成功应用。但需要注意的是，每个企业的具体情况都有其独特性，因此在实施重资产策划时，企业需根据自身需求和市场环境制订合适的策划方案。在实施过程中，企业还需关注市场变化、投资风险、法规政策等方面的挑战，并采取相应的应对措施，以确保策划方案的顺利实施和预期效果的实现。

第三节　资产配置与优化

资产配置与优化在企业战略中的地位日益显著，因为它直接关系到企业的投资决策、经营管理、风险控制等多个方面。有效的资产配置与优化，不仅可以提高企业的资产利用效率，降低企业的风险敞口，还有助于企业实现业务目标，增强市场竞争力。因此，对资产配置与优化的研究具有重要的理论和实践意义。

一、资产配置的基本概念与原则

1. 资产配置的定义

资产配置，是指企业在投资决策过程中，依据特定的投资目标、风险承受能力和市场环境，对各类资产进行合理分配，以实现资产收益最大化或风险最小化的过程。简而言之，资产配置就是企业如何在不同的资产类别（如现金、债券、股票、房地产、原材料等）之间进行合理分配，以实现最佳的投资回报。

2. 资产配置的目标与原则

资产配置的主要目标，是实现企业资产收益的最大化或风险的最小化。为了实现这一目标，企业在进行资产配置时需遵循以下原则。

（1）风险与收益权衡原则。企业在进行资产配置时，需在追求收益的同时充分考虑风险，寻求风险与收益之间的平衡。

（2）多样化原则。企业应将资产投资于不同类型的资产类别中，以降低单一资产类别的风险，实现整体投资组合风险的降低。

（3）长期规划原则。企业在进行资产配置时，应关注长期投资目标，避免短期市场波动对企业资产配置决策的影响。

（4）动态调整原则。企业应根据市场环境、政策法规等因素的变化，及时调整资产配置策略，确保资产配置的有效性与适应性。

3. 资产配置的方法与技术

为了实现有效的资产配置，企业可以采用以下方法与技术。

（1）资产分类。企业需要对资产进行分类，以识别各类资产的特点和风险收益特性。

（2）确定投资目标。企业需要明确资产配置的目标，如追求最大收益、控制风险或实现特定的业务目标等。

（3）风险评估。企业应对各类资产的风险进行评估，分析资产之间的相关性及确定企业的风险承受能力。

（4）资产配置模型。企业可以采用现代投资组合理论、风险平价策略等方法，构建资产配置模型，以实现最佳的资产组合。

（5）定期评估与调整。企业应定期评估资产配置效果，根据市场变化及时调整资产配置策略，确保企业资产配置的有效性与适应性。

通过遵循资产配置的原则，并运用合适的方法与技术，企业能够更好地平衡收益与风险，提高资产利用效率，为企业的发展打下坚实的基础。

二、资产优化策略与方法

在资产配置的基础上，企业还需进一步优化资产，提高资产的使用效率与价值。以下是一些资产优化策略与方法。

1. 资产投资组合优化

企业在进行资产配置后，需要进一步优化资产投资组合，以实现较高的收益与较低的风险。常用的投资组合优化方法如下。

（1）均值方差优化。通过调整资产权重，使投资组合在预期收益与风险之间达到最佳平衡。

（2）风险平价策略。根据各类资产的风险贡献进行权重分配，使得每种资产对总体投资组合风险的贡献相等。

（3）多因子模型。综合考虑多个影响资产收益与风险的因素，构建投资组合，以实现资产更为全面的优化。

2. 资产负债结构优化

企业应关注资产负债结构的优化，降低企业的财务风险，主要策略如下。

（1）调整债务比例。合理控制企业的负债水平，防止过度杠杆导致的财务风险。

（2）优化债务期限结构。在企业的不同发展时期合理分布企业债务，以降低企业利率风险和流动性风险。

（3）优化债务成本。降低企业的债务成本，提高企业的财务效益。

3. 资产运营与管理优化

企业应通过优化资产运营与管理，提高资产的使用效率，具体措施如下。

（1）提高资产周转率，包括加快企业资产的周转速度，提高资产利用效率。

（2）降低资产闲置率，包括合理安排生产计划，降低闲置资产，减少企业的持有成本。

（3）维护与更新，包括定期对资产进行维护与更新，保持资产的良好运行状态，延长资产的使用寿命。

4. 风险管理与控制

企业在进行资产配置与优化过程中，应注重风险管理与控制，主要方法如下。

（1）建立风险管理体系，包括构建风险管理的组织结构、流程和制度，确保风险管理工作的有效进行。

（2）风险识别与评估，包括定期进行风险识别与评估，发现潜在风险，分析风险的影响和可能性，为制定风险应对措施提供依据。

（3）风险应对与规避，包括根据风险评估结果，制定相应的风险应对措施，如对冲、保险、分散投资等，以降低企业的风险敞口。

（4）风险监控与报告，包括建立风险监控与报告机制，实时关注风险状况，及时采取补救措施，确保企业资产安全。

通过上述资产优化策略与方法，企业能够更有效地实现资产配置目标，提高资产利用效率，降低风险，从而增强企业的竞争力。

三、资产配置与优化的实际案例分析

下面，我们将通过两个实际案例，分析资产配置与优化的成功与失败经验，以期为企业提供实际操作的借鉴与启示。

1. 成功案例：某制造业企业

某制造业企业面临着行业竞争加剧、成本上升等压力，为提高企业的竞争力与抗风险能力，企业决定对资产进行配置与优化。具体措施如下。

（1）调整生产资产。企业剥离了部分低效资产，转向投资高附加值、

高技术含量的生产线，以提高生产效率和产品附加值。

（2）优化投资组合。企业将部分现金投资于股票、债券等金融资产，实现资产收益的多元化，降低单一资产的风险。

（3）改善资产负债结构。企业合理调整负债比例，降低债务成本，提高财务稳定性。

通过资产配置与优化，该企业成功实现了业绩的提升，增强了市场竞争力。

2. 失败案例：某房地产开发企业

某房地产开发企业在市场高速发展时期，过度依赖土地储备和房地产开发，导致资产配置失衡。随着市场环境的变化，企业面临的风险逐渐显现。

（1）市场波动风险。由于过度集中在房地产市场，企业受市场波动的影响较大，资产价值波动较为明显。

（2）财务风险。企业负债比例较高，利息支出压力较大，财务稳定性较差。

（3）盲目扩张风险。企业在土地储备和房地产开发过程中，未充分考虑市场需求和区域特点，导致部分项目投资回报不理想。

这一失败案例说明，企业在进行资产配置与优化时，必须充分考虑市场环境、自身风险承受能力等因素，遵循风险与收益均衡、多样化、长期规划等原则，以确保资产配置与优化的成功。

通过分析这两个案例，我们可以总结出资产配置与优化的关键因素，包括合理的资产分类、明确的投资目标、有效的风险评估与管理、灵活的资产优化策略和动态调整机制等。企业在进行资产配置与优化时，应根据自身特点和市场环境，制定合适的策略与方法，确保资产配置与优化的成功。

第三章 战略性策划

在当今竞争激烈的市场环境中，战略性策划对于企业的长期发展至关重要。战略性策划是指企业对其整体发展目标、战略方向和关键业务领域的规划与设计。本章旨在深入探讨战略性策划的概念、方法及实践，以帮助企业更好地应对市场挑战，实现可持续发展。

本章共分三节。通过对综合战略策划、竞争战略策划和业务战略策划的分析，帮助读者了解战略性策划的核心要素，并为实现有效的战略性策划提供有益指导。在这个快速变化的商业环境中，企业需要不断调整和优化战略性策划，以适应市场变化和激发企业潜力。

第一节 综合战略策划

综合战略策划，是指企业为实现既定目标，通过对内外部环境进行系统分析，评估企业的优、劣势，进而制定和实施相应的策略，以充分利用和整合各种资源，实现长期可持续发展。在企业追求高利润的背景下，综合战略策划有助于企业在激烈的市场竞争中找准自己的定位，发掘潜在的竞争优势，从而实现长期发展和盈利目标。

随着市场环境的不断变化，企业需求和客户需求也在发生着巨大的变化。因此，企业必须具备敏锐的市场洞察能力和强大的创新能力，以应对这些变化。综合战略策划正是帮助企业实现这一目标的关键途径。通过系统的市场分析、竞争优势分析、资源配置和战略执行，企业可以在不断变化的市场环境中实现持续稳定的高利润。

本节将深入探讨综合战略策划的基本要素、关键步骤及其在提高企业竞争力与实现高利润中的作用。我们将从市场分析、竞争优势分析、资源配置、战略执行等方面入手，为企业提供一个实用的指导框架，以便企业能更好地制定和实施综合战略策划，实现长期的可持续发展。

一、综合战略策划的基本要素

综合战略策划涉及多个关键要素，这些要素相互关联，共同构成了一个成功的战略策划。以下是综合战略策划的基本要素。

1. 目标设定

首先，企业需要明确战略目标，这是战略策划的基础。目标应当具有可衡量性、可实现性和挑战性。为了使目标更加具体化，企业可以设定短期、中期和长期目标。例如，一家制造业企业的短期目标可能是在下一季度将生产效率提高10个百分点，中期目标可能是在下一年内推出一款创新产品，长期目标可能是成为行业领导者。目标的设定需要基于企业的愿景、使命和核心价值观，以确保战略与企业的整体发展方向保持一致。

2. 市场分析

市场分析是战略策划的重要组成部分，企业需要对外部环境进行全面分析。例如，一家新成立的互联网金融公司需要对当前市场进行分析，以确定最佳的市场准入策略。金融公司可以对竞争对手进行分析，了解他们的业务模式、产品和定价策略以及市场份额。此外，金融公司还可以对目标客户进行细致的调研，了解他们的需求、偏好和行为，以更好地制定市场细分和定位策略。通过对市场进行深入了解，企业能够更好地发现市场机会和潜在风险，为制定战略提供有力支持。

3. 竞争优势分析

竞争优势分析帮助企业了解自身在市场中的优势和劣势。例如，一家零售企业可以使用 SWOT 分析工具，来了解自己在市场中的竞争优势。企业可以对自己的供应链、产品质量、客户服务等内部因素进行分析，以确定自己的优势和劣势。此外，企业还可以对市场趋势、经济环境和政策法规等外部因素进行分析，以确定市场机会和威胁。企业通过分析企业的内部优、劣势，以及外部的机会和威胁，找到自己的核心竞争力，制定相应的竞争策略，以提升市场地位和盈利能力。

4. 资源配置

资源配置是战略策划的关键环节，涉及人力资源、技术与知识资源、资金与物资资源以及合作伙伴关系等方面。企业需要合理分配资源，确保资源能够支持战略目标的实现。此外，企业还需要关注资源整合，将内外部资源有效结合起来，以实现企业发展的最大化。例如，苹果公司作为一家全球知名的科技公司，在资源配置方面表现出色。苹果公司在研发和设计方面投入大量的人力资源和技术资源，以推出创新的产品和服务，如iPhone、iPad 和 iWatch 等。同时，苹果公司还注重在供应链和物流等方面配置资源，以确保产品质量和交货期的可控性。此外，苹果公司还与合作伙伴密切合作，如与 Foxconn 合作进行生产和组装，与 AT&T 合作提供手机服务等。对资源的合理配置与整合，使得苹果公司在全球科技市场始终保持一定的竞争优势。

通过以上四个基本要素，企业可以进行全面的综合战略策划。在整个战略策划过程中，企业需要保持灵活性和适应性，以随时调整战略来适应市场变化，从而在竞争中保持优势，实现高利润和可持续发展。

二、市场分析的关键步骤

市场分析是综合战略策划的重要组成部分，有助于企业了解市场环境和客户需求。以下是市场分析的关键步骤。

1. 客户需求分析

客户需求分析是市场分析的基础。例如，一家生产婴儿奶粉的企业可以通过问卷调查、访谈、观察等多种方式来了解不同地区的人们对婴儿奶粉的需求和消费习惯，从而开发适合的产品。通过对客户需求的深入了解，企业可以发现新的市场机会，提升客户满意度和忠诚度。

2. 行业趋势分析

行业趋势分析有助于企业了解所处行业的发展态势。例如，一家电动汽车制造企业需要关注新能源政策和技术的发展趋势，如关注行业报告、政策法规、行业新闻等信息，来获取行业动态，把握市场机会，从而制定合适的战略发展方向。

3. 市场细分与定位

市场细分是将市场划分为不同的细分市场，每个细分市场具有相似的需求特征。例如，一家生产高档家具的企业可以根据客户的地理位置、收入水平和生活方式等因素进行市场细分。通过市场细分，企业能够更加精确地定位目标客户，从而提供更具针对性的产品和服务。

定位是在细分市场中确定企业产品或服务的市场地位。例如，一家生产健身器材的企业可以通过分析竞争对手和自身优势，确定自己在市场中的位置；可以通过品牌建设、产品设计和市场营销等方式来加强自身的市场定位。成功的市场定位有助于企业在激烈的市场竞争中脱颖而出，吸引更多的目标客户。

通过以上三个关键步骤，企业可以进行全面的市场分析，为综合战略策划提供有力支持。市场分析不仅有助于企业发现市场机会和潜在风险，还能帮助企业更好地了解客户需求和竞争环境，从而制定出更具竞争力的战略。

三、竞争优势分析

竞争优势分析是综合战略策划中的关键环节，有助于企业发现自身优势与劣势，挖掘核心竞争力并发展创新能力。

1. SWOT 分析

SWOT 分析是一种常用的战略分析工具，通过评估企业的优势（Strengths）、劣势（Weaknesses）、机会（Opportunities）和威胁（Threats），可以全面了解企业在市场中的竞争地位。企业需要定期进行 SWOT 分析，以便及时调整战略，应对市场变化。

2. 核心竞争力挖掘与提升

核心竞争力是企业在激烈竞争中取得优势地位的关键因素。例如，耐克公司作为全球知名的运动品牌企业，其核心竞争力在于其强大的品牌影响力和技术创新能力。耐克公司在市场中建立了强大的品牌形象，以鼓励人们追求运动和健康的生活方式，这也是耐克品牌的核心价值观之一。此外，耐克公司一直在技术创新方面投入大量的研发资金，不断推出新的运动产品和服务，如自动系鞋带、数字化运动监测等。这些创新技术不仅满足了消费者的需求，同时也使得耐克公司在市场中具有了显著的竞争优势。

企业需要深入挖掘自身的核心竞争力，如品牌影响力、技术创新能力、管理水平等，并加以提升。通过优化内部管理、提高生产效率和降低成本等手段，企业可以持续提高自身的核心竞争力，增强其在市场中的竞争力。

3. 创新能力发展

创新能力是企业持续发展的重要驱动力。例如，特斯拉作为一家全球知名的电动汽车制造企业，一直以来致力于推进科技创新，推出了一系列颠覆性的产品和服务。特斯拉不仅研发了高性能的电动汽车，还开发了充电站和智能驾驶技术，来满足消费者对于绿色出行和科技创新的需求。此外，特斯拉还不断优化公司组织结构，推崇平等、自由的企业文化，鼓励员工创新创造。这种创新文化的营造和技术创新能力的提升，使得特斯拉在市场中始终保持着一定的竞争优势。

企业需要重视创新能力的培养，不断推出新产品、新服务以满足市场需求。此外，企业还应关注技术研发、组织结构优化、管理模式创新等，以提高整体创新能力。在激烈的市场竞争中，创新能力往往是企业脱颖而出、实现高利润的关键。

通过对竞争优势的全面分析，企业可以更好地了解自身优势和劣势，制定有针对性的战略措施。同时，通过发展创新能力和提升核心竞争力，企业可以在市场竞争中保持优势地位，实现高利润和可持续发展。

四、资源配置与整合

资源配置与整合是综合战略策划的重要环节，企业需要对各类资源进行有效配置与整合，以实现战略目标。

1. 人力资源

人力资源是企业最宝贵的资源之一。企业需要根据战略目标和市场需求，合理配置和激发人力资源的潜能，包括员工招聘、培训与发展、激励机制等方面的管理。通过建立有效的人力资源管理制度，企业可以充分发挥员工的能力和创造力，提高整体竞争力。

2. 技术与知识资源

技术与知识资源对企业发展至关重要。企业需要不断增加投入进行研发，提升技术水平和增加知识储备，以保持在市场竞争中的优势地位。此外，企业还应注重知识产权保护和技术秘密保密，避免技术与知识资源的外泄。

3. 资金与物资资源

资金和物资资源是企业运营的基础。企业需要根据战略目标和市场需求，合理配置和利用资金与物资资源，包括对资金的筹集、投资、成本控制等方面的管理，以及对物资采购、库存管理、物流等方面的优化。通过对资金与物资资源的有效配置与整合，企业可以降低成本，提高运营效率。

4. 合作伙伴关系

合作伙伴关系对企业发展具有重要意义。企业需要建立稳定、互利的合作伙伴关系，以实现资源共享和协同发展，包括与供应商、客户、同行业企业、政府部门等各类合作伙伴的合作。通过建立良好的合作伙伴关系，企业可以拓展市场、降低风险，实现高利润和可持续发展。

通过对各类资源进行有效配置与整合，企业可以为战略目标的实现提供有力支持。同时，企业还需要关注资源配置与整合过程中可能出现的问题和风险，以及时调整战略措施，保持竞争优势。

五、战略实施与执行

综合战略策划的实施与执行是将策划落地的关键环节。企业需要制订实施计划，建立监测与评估和风险管理与应对体系，来确保战略目标的实现。

1. 制订实施计划

企业需要根据综合战略策划制订详细、可行的实施计划。实施计划应明确具体的目标、任务、责任人、时间节点和资源需求，确保战略的顺利实施。此外，企业还需设定关键绩效指标（KPI），以便对实施过程进行有效监控。

2. 监测与评估

企业需要建立战略监测与评估机制，以便及时了解战略实施的进展情况和效果，包括定期收集数据，分析绩效指标，评估实施过程中的问题与风险等。监测与评估有助于企业及时发现问题，调整实施计划，保障战略目标的实现。

3. 风险管理与应对

战略实施过程中可能面临各种风险，如市场波动、竞争压力、技术变革等。企业需要建立风险管理体系，对可能出现的风险进行识别、评估和预警。此外，企业还需要制定风险应对措施，如调整市场策略、优化资源配置、提高创新能力等，来降低风险，确保战略目标的实现。

六、战略策划持续优化

战略策划的持续优化是确保企业在不断变化的市场环境中保持竞争力

的关键。

1. 反馈与调整

企业需要建立一个有效的信息反馈机制，以便在战略实施过程中及时发现问题和挑战。例如一家电商企业通过多种方式收集客户反馈，如在线调查、客户评价、社交媒体等，以获取客户的意见和建议。此外，该企业还会收集内部员工的反馈意见，以发现企业内部存在的问题和改进的空间。通过对这些反馈信息进行整合和分析，企业可以及时调整战略策划，优化产品和服务，来提高客户满意度和市场竞争力。

通过对反馈信息的分析，企业可以对战略策划进行适时的调整，以适应市场变化和企业发展需求。持续优化战略策划有助于提高企业的应变能力和竞争优势。

2. 企业文化建设

企业文化是战略策划成功实施的重要保障。企业需要建立以创新、协作和执行力为核心的企业文化，激发员工的积极性和创造力。例如，某知名科技公司非常注重企业文化的建设，鼓励员工自主创新，提倡团队协作，倡导透明开放的沟通和合作方式。此外，该公司还提供灵活的工作环境和福利待遇，来吸引和留住优秀的人才。这种以员工为中心的企业文化，不仅提高了员工的忠诚度和创造力，还使得该公司在科技创新领域保持着强大的竞争优势。

企业文化的建设有助于提高员工的归属感和忠诚度，从而为战略策划的持续优化提供人力支持。

3. 培养战略思维

战略思维是企业领导者和员工在战略策划过程中必须具备的能力。企业应加强对领导者和员工的战略思维培训，帮助他们深入了解市场动态、竞争格局和企业资源状况，提高对战略问题的敏感性和判断力。培养战略思维有助于提高企业在战略策划过程中的决策效率和准确性。

通过反馈与调整、企业文化建设和培养战略思维等手段，企业可以实现战略策划的持续优化，以应对市场变化和提高企业竞争力。

第二节　竞争战略策划

在当今全球化和科技创新日益加速的时代，企业面临着激烈的竞争环境。各种市场变化和挑战使企业必须对自身的竞争战略进行审慎思考和策划，以保持竞争优势并取得市场份额。

本节将探讨竞争战略策划的相关概念、方法和实施过程，梳理竞争战略策划的核心要素并阐述其主要目标，深入分析竞争对手，探讨评估竞争格局的方法，识别并比较竞争优势与劣势，并对行业趋势和竞争对手的未来发展进行预测，讨论竞争战略的类型，包括成本领先、差异化和集中专注等策略，分析它们的优势与劣势，并指导企业如何根据自身特点和市场环境选择合适的竞争战略。

一、竞争战略策划的概念与目标

下面，我们将介绍竞争战略策划的概念，梳理其核心要素，阐述其主要目标。

1. 竞争战略策划的定义

竞争战略策划是指企业根据外部市场环境和内部资源状况，通过分析竞争对手、市场需求和自身优、劣势，制订一系列具有竞争力的战略方案，以实现企业发展目标的过程。简言之，竞争战略策划旨在制订一套能够帮助企业在竞争激烈的市场中脱颖而出的战略计划。

2. 竞争战略策划的核心要素

竞争战略策划的核心要素包括以下四个方面。

（1）对市场环境的深入了解：包括消费者需求、行业动态、技术发展和政策法规等；

（2）对竞争对手的全面分析：包括评估竞争格局、竞争优势与劣势等；

（3）对企业自身的客观评估：明确企业的核心竞争力、资源和能力；

（4）制订具体可行的战略方案：包括战略目标、战略路径和实施计划等。

3. 竞争战略策划的主要目标

竞争战略策划的主要目标可概括为以下四点。

（1）确保企业在市场竞争中具有优势地位。通过制定有效的竞争战略，帮助企业在激烈的市场竞争中保持优势地位，实现可持续发展。

（2）提高企业的盈利能力。通过优化企业的产品或服务组合，降低成本、提高效率，从而提高企业的盈利能力。

（3）提升企业品牌形象。通过有效的竞争战略，增强企业品牌的知名度和美誉度，提升消费者对企业产品或服务的认可度。

（4）实现企业长期战略目标。竞争战略策划应与企业的长期战略目标相一致，为企业未来的发展提供坚实的战略基础。

二、竞争对手分析：竞争格局、竞争优势与劣势等

1. 竞争格局的评估方法

评估竞争格局是竞争战略策划的关键环节之一，常用的竞争格局评估方法包括以下三个。

（1）波特五力分析。通过分析行业竞争者、潜在进入者、替代品、供应商和购买者五个方面的力量，评估企业所处行业的竞争格局。

（2）市场份额分析。通过收集和分析各竞争对手的市场份额数据，来了解市场竞争的分布状况。

（3）竞争地图分析。通过比较各竞争对手的核心竞争力、产品与服务特点等，绘制竞争地图，直观地展示企业与竞争对手的相对位置。

2. 竞争优势与劣势的识别与比较

通过对竞争对手的深入分析，可以识别并比较各竞争对手的优势与劣势，常用的方法如下。

（1）SWOT分析：对竞争对手的优势（Strengths）、劣势（Weaknesses）、机会（Opportunities）和威胁（Threats）进行全面分析。

（2）资源和能力分析。对比企业与竞争对手在核心资源和能力方面的差异，来发现竞争优势与劣势。

（3）价值链分析。通过分析竞争对手在价值链各环节的表现，识别其优势与劣势所在。

3. 行业趋势和竞争对手的未来发展预测

为了更好地制定竞争战略，企业需要关注行业趋势和竞争对手的未来发展，具体如下。

（1）历史趋势分析。通过分析过去一段时间内行业和竞争对手的发展

趋势，推测未来的发展方向。

（2）情景分析。根据不同的外部环境变化因素，设定多种场境，分析行业和竞争对手在各种情景下的可能表现和发展走向。

（3）德尔菲法。通过专家咨询和反复征询意见，达成共识，预测行业和竞争对手的未来发展趋势。

（4）技术预测。关注技术创新和发展趋势，预测技术进步对行业和竞争对手的影响。

竞争对手分析是竞争战略策划的重要环节。企业需要通过评估竞争格局、识别与比较竞争优势与劣势、预测行业趋势和竞争对手的未来发展，制定有效的竞争战略。

三、竞争战略类型

下面，我们将介绍三种主要的竞争战略类型，并同时探讨如何根据企业特点和市场环境选择合适的竞争战略。

1. 成本领先策略

成本领先策略是指企业通过降低成本、提高效率来实现市场竞争优势，具体包括较低的生产成本、价格优势和较高的利润空间。然而，成本领先策略也存在风险，如竞争对手可能采取相同策略，导致价格战，最终使产品质量受到影响。

2. 差异化策略

差异化策略是指企业通过提供独特的产品或服务来满足客户需求，以实现竞争优势，具体包括较高的客户忠诚度、较高的利润空间和较高的市场份额等。然而，差异化策略也存在风险，如模仿竞争、独特性衰减以及高昂的研发和营销成本。

3. 集中专注策略

集中专注策略是指企业聚焦于某一细分市场，通过深入了解目标客户需求，提供定制化的产品或服务来实现竞争优势，具体包括精准满足客户需求、降低竞争压力和实现快速成长等。然而，集中专注策略也存在风险，如市场规模有限、过度依赖单一市场和竞争对手进入等。

三种竞争战略类型各有其特点，那么，如何根据企业特点和市场环境选择合适的竞争战略呢？具体可从以下四个方面入手。

（1）分析自身优势和劣势，明确核心竞争力。

（2）了解目标市场和客户需求，发现市场机会。

（3）关注竞争对手和行业趋势，应对潜在威胁。

（4）评估各战略类型的适用性，确定最佳战略。

四、竞争战略策划的方法与流程

企业竞争战略策划的方法与流程，主要包括以下五个方面。

1. 确定竞争战略策划的目标与范围

首先，企业需要明确战略策划的目标和范围，具体包括企业发展的长期目标、市场定位和资源投入等。明确企业的目标和范围，有助于保持企业的战略策划的方向和焦点。

2. 收集与分析相关数据和信息

企业应收集和分析与战略策划相关的数据和信息，包括市场趋势、客户需求、竞争对手状况等。这些数据和信息有助于企业更全面地了解市场环境，以制定有效的竞争战略。

3. 生成并评估战略选项

在收集和分析数据的基础上，企业需生成多个战略选项，并通过对比分析、风险评估等方法对这些选项进行评估。在评估过程中，企业应考虑战略选项的可行性、成本效益和风险回报等因素。

4. 制订战略实施计划

在选定最佳战略选项后，企业应制订详细的战略实施计划，包括时间表、责任分配、资源配置等。实施计划应具体、明确，以便于组织成员理解和执行。

5. 战略沟通与组织动员

企业应将战略计划传达给组织成员，并确保他们充分理解和支持战略目标。此外，企业还需通过培训、激励等手段，提高组织成员的战略执行能力和积极性。

通过以上五个步骤，企业可以更系统、更高效地进行竞争战略策划，从而实现竞争优势和可持续发展。

五、竞争战略策划的实施与监控

企业竞争战略策划的实施与监控，主要包括以下四个方面。

1. 确保战略实施的资源和支持

实施竞争战略策划时，企业需要确保拥有充足的资源和支持，具体包括资金、人力、设备以及合作伙伴等。确保资源和支持，有助于企业顺利推进战略实施，提高实施效果。

2. 设定实施阶段的关键绩效指标（KPI）

为了有效度量战略实施的效果，企业需要设定关键绩效指标（KPI）。KPI 应具体、可衡量，与战略目标紧密相关。设定 KPI，有助于企业对战略实施过程进行量化评估。

3. 监控与评估战略实施的过程和结果

企业应定期监控战略实施过程，以确保战略目标的达成。监控过程包括对 KPI 的跟踪、对资源使用情况的评估以及发现潜在问题。通过监控与评估，企业可以及时调整战略，来应对市场变化和内部环境的变动。

4. 反馈与持续改进

在战略实施过程中，企业应对员工的反馈和建议给予充分关注，以便发现潜在问题并进行改进。持续改进是确保企业在竞争中保持领先地位的关键。通过收集反馈、识别问题并采取改进措施，企业可以不断优化战略，来适应不断变化的市场环境。

总之，竞争战略策划的实施与监控是一个持续的过程，需要企业在实施过程中关注资源配置、设定合适的 KPI、进行有效的监控与评估，以及持续改进。这样，企业才能更好地应对竞争环境的挑战，实现可持续发展。

第三节　业务战略策划

在企业的战略性策划中，业务战略策划是重点之一。业务战略策划涉及产品和服务的开发、市场定位、竞争分析等方面，对企业的未来发展具有重大意义。

一、业务战略策划的概念与目标

1. 业务战略策划的定义

业务战略策划是指企业通过系统地分析内外部环境，明确其业务目标、市场定位和竞争优势，进而制定出的一系列相关战略和具体行动。业务战略策划的主要目的是帮助企业在不断变化的市场环境中有效地调整业务模式，提升核心竞争力，实现企业的长期发展和最终的成功。

2. 业务战略策划的核心要素

企业业务战略策划涉及以下五个核心要素。

（1）市场分析，包括对市场的需求、竞争格局、行业趋势等进行深入研究，以发现市场机会和潜在威胁。

（2）产品／服务组合，是指基于市场分析，选择合适的产品或服务组合，以满足目标市场的需求。

（3）市场细分与定位，是指将市场划分为具有相似需求特征的细分市场，而后为每个细分市场确定独特的定位策略。

（4）竞争优势，是指明确企业相较于竞争对手的优势，并制定战略以保持或提升这些优势。

（5）资源分配，是指合理分配企业的资源，确保战略实施的有效性和效率。

3. 业务战略策划的主要目标

业务战略策划的主要目标包括以下五个方面。

（1）提高市场份额。通过制定有效的市场策略拓展市场，提升企业在行业中的地位。

（2）增强盈利能力。通过优化产品组合、降低成本、提高运营效率等途径，实现企业的盈利目标。

（3）提升客户满意度。关注客户需求，持续改进产品和服务质量，提升客户满意度。

（4）创新与可持续发展。鼓励创新思维，开发新产品或服务，实现企业的可持续发展。

（5）培育企业文化。树立独特的企业文化和价值观，塑造企业形象，吸引优秀人才。

综上所述，通过对企业业务战略策划的概念、核心要素和主要目标的阐述，为企业提供了一个清晰的业务战略策划框架。有了这个框架，企业才可以更好地制定战略方向，明确发展目标，来应对市场竞争和不断变化的经济环境。

二、产品／服务组合分析

产品／服务组合分析，是一种企业战略分析方法，旨在帮助企业评估、管理和优化其产品或服务组合。这种分析方法关注企业如何结合市场需求、竞争环境和内部资源，制定出合适的战略来提高产品或服务的市场表现和盈利能力。

产品／服务组合分析工具，可以为企业在制定业务战略策划时提供关键信息和支持。在实际应用中，企业需要灵活运用这些工具，结合自身实际情况和目标，来达到最佳的战略决策效果。

1. 波士顿矩阵的原理与应用

波士顿矩阵（Boston Consulting Group Matrix, BCG Matrix）是由波士顿咨询集团发起的一种产品组合分析工具。它通过市场增长率和市场份额两个维度，将企业的产品或业务划分为明星、奶牛、问题儿童和瘦狗四类。这种工具能够帮助企业了解不同产品或业务在市场上的表现，从而为资源分配作出明智的决策。

例如，一个化妆品公司使用波士顿矩阵分析其产品组合。该公司发现，他们的某个口红系列在市场上非常畅销，拥有高市场份额和稳定的市场增长率。这个产品系列被归类为"奶牛"产品，因为它们可以持续地带来利润。另外，该公司的某个眉笔系列在市场上表现不佳，市场份额和增长率都很低。这个产品系列被归类为"瘦狗"产品，因为它们不但没有带来更多利润，还消耗了公司的资源。基于这些信息，该公司可以考虑将更多资源投入到"奶牛"产品，以维持其高利润率，并尝试通过市场营销和创新来提高"瘦狗"产品的市场份额。

2. 安索夫矩阵的原理与应用

安索夫矩阵（Ansoff Matrix）是一种分析企业发展战略的工具，由 H. Igor Ansoff 提出。该矩阵基于市场和产品两个维度，将企业的发展战略划分为市场渗透、市场拓展、产品开发和多元化四类。这个工具旨在帮助企业根据当前市场和产品状况，识别和选择合适的发展策略。

例如，一家运动饮料公司正在考虑使用安索夫矩阵来制定其发展战略。他们发现，自己的一款能量饮料在目标市场上表现良好，但市场份额不够高。这时，他们可以利用市场渗透策略来增加该产品在现有市场的份额，如通过促销和广告来吸引更多的消费者。

另外，该公司也想进入新市场并推出新产品。通过市场拓展策略，该公司可以将现有产品引入新市场，如在欧洲推出能量饮料。通过产品开发策略，该公司可以研发新产品，如推出天然成分的饮料，以吸引更多的拥有健康意识的消费者。最后，通过多元化策略，该公司可以扩大业务范围，如进入健身器材市场，以获得更多的收益来源。

3. 其他产品/服务组合分析工具的比较与选择

除了波士顿矩阵和安索夫矩阵，还有其他一些产品/服务组合分析工

67

具，如 GE-McKinsey Matrix、Shell Directional Policy Matrix 等。企业在选择产品 / 服务组合分析工具时，需要根据自身特点、市场状况和战略目标等进行选择。例如，波士顿矩阵更适用于需要关注市场份额和市场增长的企业，而安索夫矩阵则适合分析企业在不同市场和产品方面的发展策略。

总之，产品 / 服务组合分析涵盖了企业在评估、管理和优化产品或服务组合方面的一系列方法和实践。通过进行产品服务组合分析，企业可以更好地把握市场机会，提高产品或服务的竞争力，从而实现企业的长期发展和最终的成功。

三、市场细分与定位策略

市场细分与定位策略是企业制定业务战略的关键组成部分，它能够帮助企业更好地了解和满足不同客户群体的需求，并在竞争中脱颖而出。

市场细分是指将整个市场分割成具有相似需求、特征和行为的消费者群体的过程。通过对市场进行细分，企业能够更有效地识别和满足不同客户群体的需求。

市场定位，是为产品或服务在目标市场建立独特、具吸引力的价值主张，以便与竞争对手区分开来。企业需要根据产品特性、价格、品牌形象、渠道和服务等因素制定有效的市场定位策略。

在完成市场细分和定位后，企业需要根据自身资源和能力选择合适的目标市场。

市场细分与定位策略主要包括以下三个方面的内容。

1. 市场细分的方法与原则

市场细分是将整个市场分割成具有相似需求、特征和行为的消费者群体的过程。市场细分的主要方法包括地理细分、人口统计学细分、心理细分和行为细分。在进行市场细分时，应遵循以下原则：可度量性（消费者特征和需求的可量化程度）、可达性（各细分市场的可接触性和可服务性）、实质性（细分市场的规模和潜在盈利能力）、差异性（不同细分市场之间的需求和行为差异）和可行性（细分市场的可操作性和可实施性）。

2. 市场定位的策略与实施

市场定位是在目标市场中为产品或服务建立独特的、具吸引力的价值主张，以区别于竞争对手。市场定位策略通常基于以下几个方面：产品特性、价格、品牌形象、渠道、服务等。在实施市场定位时，企业需要进行市场调研、竞争优势分析和客户需求分析，从而确保定位策略的有效性和准确性。

3. 目标市场的选择与竞争优势分析

在完成市场细分和定位之后，企业需要根据自身资源和能力选择合适的目标市场。在选择目标市场时，需要考虑的因素包括：市场规模、市场增长潜力、竞争程度、市场接受度和盈利能力。此外，企业还需要分析自身的竞争优势，包括成本优势、产品优势、品牌优势、技术优势和服务优势等，以便在目标市场中脱颖而出。

总之，市场细分与定位策略有助于企业更好地了解市场、客户需求和竞争环境，从而制定有效的业务战略来实现企业目标。通过精细化的市场分析和策略制定，企业可以提高产品或服务的市场竞争力，实现持续发展和盈利。

四、业务战略策划的方法与流程

1. 业务战略策划的方法论体系

业务战略策划的方法论体系是指在企业战略策划过程中所采用的一系

列理论、方法和技巧。这些方法论包括竞争力分析、内部资源能力分析、环境分析、市场调查等。通过这些方法论的应用，企业可以更准确地了解自身状况，发现潜在机遇与挑战，确定战略目标和制订有效的战略计划。

2. 业务战略策划的步骤与关键环节

业务战略策划的过程可以分为以下七个步骤和关键环节。

（1）确定企业愿景与使命：明确企业的长远目标和核心价值观，为战略策划提供基本指导。

（2）进行环境分析：分析宏观环境、行业环境和竞争环境，了解市场动态和竞争态势。

（3）分析内部资源与能力：评估企业的核心竞争力、优势与劣势，确定战略优先方向。

（4）制定战略目标：根据环境分析和内部资源能力分析结果，明确企业的发展目标和战略方向。

（5）制订业务战略计划：针对战略目标和优先方向，设计具体的产品、市场、组织和运营战略。

（6）执行战略计划：分解战略计划为具体的实施任务，并通过组织和协调资源来完成任务。

（7）监控与评估：对执行过程进行监控和调整，以确保战略计划的顺利实施和目标的达成。

3. 业务战略策划中的团队协作与沟通

在业务战略策划过程中，团队协作和沟通至关重要。企业需要建立一个多部门、多层次的战略策划团队，来确保各部门和各层级之间的沟通畅通。通过有效的沟通和协作，企业可以确保战略计划的顺利制订、实施和调整，从而提高战略执行的效率和效果。例如，一家汽车制造商正在制订其未来五年的战略计划。他们建立了一个跨部门、跨地区的战略团队，包括市场、生产、研发、销售等多个部门的成员。这些成员不断交流、协作，共同制订出能够满足市场需求、符合公司实际情况的战略计划。

此外，企业还需要定期举办内部战略沟通会议，以便及时分享信息、解决问题和调整战略方向。例如，上述汽车制造商在制订战略计划时，定期举办各级别的战略沟通会议，分享和反馈战略计划的进展和问题。这样，团队成员就可以及时解决问题，作出必要的调整，并确保战略计划的顺利实施。

通过强化团队沟通与协作，企业可以确保战略策划过程的顺利进行，提高战略执行的效率和效果，从而实现企业的长期发展目标。

五、业务战略策划的实施与监控

1. 制订实施计划与分工

成功的业务战略策划需要详细的实施计划和明确的分工。企业应根据战略目标，将战略分解为可操作的任务，并为每个任务分配相应的资源和责任人。明确的分工有助于确保计划的顺利执行，提高团队成员的工作效率。

2. 业务战略策划的执行监督与评估

企业需要建立有效的执行监督机制，以确保战略目标得以实现。这包括定期检查任务进度、评估战略成果和关键绩效指标（KPI），以及及时发现潜在问题。评估结果应与团队成员分享，以便及时调整工作方向。

3. 针对实施过程中的问题与挑战进行调整

在业务战略策划的实施过程中，可能会遇到各种问题和挑战。企业需要保持灵活，根据市场变化、竞争态势和内部资源状况，对战略进行调整。这可能包括调整目标、策略和行动计划，以确保战略的实施始终与企业愿景和目标保持一致性。

第二篇　商业模式篇

商业模式，是指一家企业如何创造、传递和捕获价值的方法与途径，它关注企业的核心资源、客户关系和产品策略，将这三个方面紧密结合起来，实现企业的可持续发展和利润最大化。

在本篇，我们将深入探讨资源获利、客户获利和产品获利这三个主题。带你深入了解商业模式的重要性和实现方法，并学会如何在资源、客户和产品三个方面制定有效的策略，为企业的成功奠定坚实的基础。

第四章　资源获利

资源获利，是指企业通过有效整合、配置和利用其内部与外部资源，实现盈利目标。

简言之，资源获利关注企业如何将有限的资源转化为竞争优势，从而在市场中占据有利地位并实现盈利。

资源获利过程包括资源整合与优化、创新资源利用模式、资源合作与共赢以及创业者模式等方面。

第一节　资源整合与优化

企业资源整合与优化，是指企业在经营活动中通过对内部和外部资源的整合、配置与利用，降低成本、提高竞争力和盈利能力、实现资源效率最大化的过程。该过程包括识别关键资源、资源配置策略、资源优化方法、持续改进与反馈等几个方面。

一、识别关键资源

关键资源是指对企业创造价值、实现竞争优势和盈利目标具有重要作用的资源。

例如，苹果公司的关键资源之一就是其专有的 iOS 操作系统。由于 iOS 在移动设备市场上的占有率非常高，这使得苹果公司具有了很大的竞争优势，也为公司带来了巨大的收益。再以腾讯公司为例，其关键资源包括社交媒体平台（微信、QQ 等）、游戏开发和发行业务、云计算和人工智能技术等。

在资源整合与优化中，识别关键资源包括人力资源、技术资源、知识资源、资金资源、物质资源和关系资源等方面。准确识别关键资源有助于企业合理分配资源，提高资源利用率，实现竞争优势和盈利目标。

1. 识别关键人力资源

人力资源是企业的核心资产，包括员工的知识、技能、经验和创造力等。识别关键人力资源可以帮助企业为关键岗位配备合适的人才，提升员工的工作效率和满意度。例如，一家著名科技公司非常注重识别和发展其关键人力资源。该公司一直致力于挖掘和培养具有创新思维和技术能力的优秀人才，以保持其在全球互联网行业的领导地位。该公司通过采用多种方法来评估员工的工作表现和潜力，例如 360 度反馈评估、员工调查和定期的绩效评估等，以识别和优化其关键人力资源。同时，该公司还致力于提供员工培训和发展机会，以帮助他们不断提升自己的技能和知识水平。这些措施不仅有助于吸引和留住优秀人才，也有助于提高员工的工作效率和满意度。

2. 识别关键技术资源

技术资源是指企业掌握的关键技术、研发能力、专利和知识产权等。识别关键技术资源有助于企业保持技术领先地位，加强创新能力，提高产品和服务的竞争力。例如，特斯拉公司就非常注重识别和发展其关键技术资源。该公司一直致力于推动电动汽车技术的发展，并在电池技术、自动驾驶技术和可持续能源等领域取得了显著的成就。特斯拉公司通过对技术资源的持续投入和研发，不断提高其产品和服务的竞争力，并在全球范围内赢得了广泛的认可和信赖。同时，特斯拉公司还通过购买专利和知识产权等方式，保护和扩大其技术资源优势，为公司的长期发展打下了坚实的基础。

3. 识别关键知识资源

知识资源包括企业的管理经验、市场信息、行业专业知识等。识别关键知识资源可以帮助企业更好地了解市场需求，优化管理流程，提高运营效率。例如，麦当劳就非常注重识别和发展其关键知识资源。首先，麦当劳拥有长期的品牌历史和成功的营销策略，掌握了大量的行业专业知识和管理经验。其次，麦当劳通过不断改进其管理流程和服务质量，提高员工的培训和发展水平，不断满足客户的需求，并在全球范围内赢得了广泛的市场认可。麦当劳通过市场调研等方式收集大量的市场信息，来帮助其更好地了解客户需求和行业趋势，并根据这些信息调整产品和服务，提高公司的市场竞争力。以上这些措施不仅有助于提高麦当劳的运营效率和盈利能力，还有助于提高其员工的工作满意度和客户满意度。

4. 识别关键资金资源

资金资源是企业运营的基础，包括企业的财务状况、资金来源和投资策略等。识别关键资金资源可以帮助企业合理配置资金，降低财务风险，确保企业可持续发展。例如，一家投资公司拥有庞大的资产和强大的投资能力，其通过多元化的投资策略，投资于科技、金融、通信和房地产等多个领域，并致力于掌握全球范围内的优质资产和资源。此外，该公司还通过创新的融资方式和管理模式，不断扩大其资金来源和投资能力，为公司的长期发展提供强大的资金支持。这些措施不仅有助于提高公司的投资回报率和盈利能力，也为其未来的发展打下了坚实的基础。

5. 识别关键物质资源

物质资源包括企业的生产设备、原材料、产品库存等。识别关键物质资源有助于企业优化生产流程、提高生产效率，降低库存成本。例如，作为全球领先的航空航天企业之一，波音公司拥有先进的生产设备和丰富的原材料资源，并非常注重识别和发展其关键物质资源。波音公司通过不断地进行技术创新和优化生产流程，来提高其生产效率和产品质量，并通过优化物流和库存管理，降低其库存成本和生产成本。此外，波音公司还通过多元化的供应链和物流网络，确保其物质资源的可靠供应和管理，为公司的稳健发展打下坚实的基础。这些措施不仅有助于提高波音公司的生产效率和盈利能力，还为全球航空航天行业的发展做出了重要贡献。

6. 识别关键关系资源

关系资源是指企业与供应商、客户、合作伙伴等之间的关系网络。识别关键关系资源可以帮助企业构建稳固的合作伙伴关系，拓展市场渠道，提高企业的市场地位。

例如，对于一家汽车制造企业而言，其关键关系资源可能包括主要原料供应商、零部件制造商、物流服务提供商、经销商和最终客户。通过识别和评估这些关系资源，该汽车制造企业可以确定哪些关系资源对其业务发展至关重要，并采取适当措施加强这些关系，例如提供额外技术支持、付款优惠或建立更紧密的合作关系。

再比如，一家制药公司的关键关系资源可能包括其供应商、分销商、医院、医生和药品监管机构等。通过识别和评估这些关系资源，该制药公司可以确定哪些关系资源对其业务发展至关重要，并采取适当措施加强这些关系，例如提供额外质量保障、缩短药品交付时间或建立更紧密的合作关系。

二、资源配置策略

在企业资源整合与优化过程中，资源配置策略非常重要，它涉及对关键资源的有效分配和管理。通过实施有效的资源配置策略，企业可以提高资源利用效率、降低成本并提升竞争力。

要实现资源配置策略的目标，企业首先需要根据自身战略目标、市场需求和竞争环境来确定各种资源的优先级。比如，一家科技公司可能会把研发资源放在第一位。这样做有助于在有限的资源里进行合理分配，确保关键资源得到充分利用。其次，企业应根据各业务部门的需求和目标有针对性地分配资源。以创新能力要求较高的部门为例，可以分配更多的技术和人力资源以支持其研发和创新活动，比如在新能源汽车领域的投入。

在配置资源时，企业还要权衡短期和长期的需求。短期资源需求主要是满足当前的市场需求和业务目标，比如扩大市场份额；而长期资源需求则支持企业未来的战略发展和竞争优势，比如研发具有颠覆性的技术。为了在不确定的市场环境中保持敏捷，企业应建立资源动态调整机制，随时根据市场变化、业务需求和资源状况进行调整，如调整产能以应对市场波动。

最后，企业需要建立有效的监控和评估体系来衡量资源配置策略的效果，以便于企业发现问题、进行调整和优化，从而进一步提高资源利用率。例如，通过分析销售数据和成本指标，发现并改进低效的生产环节。

总之，资源配置策略涉及多个方面，如确定资源优先级、有针对性地分配资源、平衡短期和长期资源需求、资源动态调整以及监控和评估资源配置效果等。通过实施有效的资源配置策略，企业能够更好地实现资源整合与优化，提高竞争力。

三、资源优化方法

资源优化方法，是指企业在整合与优化资源的过程中，通过采取一系列措施，提高资源利用效率，降低成本，增强竞争力。有效的资源优化方法可以帮助企业实现资源利用的最大化，提高盈利能力。

资源优化主要包括以下五个方面的内容。

1. 提高生产效率

企业通过优化生产流程、引入先进技术、改进设备和工具，可以提高生产效率，降低单位产品的成本。比如，采用自动化生产线提高生产效率，减少人工成本，从而使企业在激烈的市场竞争中保持竞争力。

2. 降低成本

企业可以通过精细化管理、提高采购效率、降低物流成本等方式降低成本。例如，通过集中采购来获取批量折扣，或者优化运输路线来减少运输成本。降低成本有助于提高企业的盈利水平，实现更高的销售业绩。

3. 创新资源利用

企业可以通过创新资源利用的方式，挖掘潜在资源价值。例如，企业可以开发新的商业模式，如共享经济；引入新技术，如人工智能；或者寻求跨界合作，如与其他行业的企业合作开发新产品，实现资源价值的最大化。

4. 优化组织结构

企业通过调整组织结构来减少层级，提高决策效率，降低管理成本。

例如，实施扁平化管理结构来提高员工的自主性，或者采用项目制管理来提高团队合作效率。优化组织结构有助于提高企业对市场变化的响应速度，提高资源利用率。

5. 强化人力资源管理

企业通过完善员工培训、激励和考核制度等，提高员工工作效率和满意度。比如，提供有针对性的培训课程来提升员工技能，或者实施绩效考核制度激发员工潜能。强化人力资源管理有助于企业吸引和留住优秀人才，提高企业核心竞争力。

四、持续改进与反馈

持续改进与反馈在资源优化方法中占据着重要地位。通过建立有效的资源监测和评估机制，企业能够对资源使用情况进行不断的改进和优化，从而提高资源利用效率，降低成本，增强竞争力。

首先，企业需要明确资源监测和评估的目标，这可能包括提高资源利用效率、降低成本、优化生产过程和提升产品质量等。明确目标有助于企业制定有针对性的资源评估指标和方法。例如，在提高资源利用效率方面，企业可以关注设备利用率和生产线效率。

其次，企业应当制定一套具有针对性和可操作性的资源评估指标，涵盖企业资源管理的各个方面，如人力资源、物料、设备、财务等。同时，这些指标应具备可量化和可比较的特性，以便进行有效的监测和评估。比如，人力资源方面，可以关注员工生产效率和满意度；物料方面，可以关注采购成本和库存周转率。

为确保资源监测和评估的准确性和及时性，企业需要建立完善的数据采集和分析系统。通过收集和分析实时数据，企业可以发现资源使用中的问题和瓶颈，为决策提供有力支持。举例来说，企业可以通过实时监控生产线数据来发现设备故障或生产效率低下的问题。

基于资源评估结果，企业需要及时调整资源配置和管理策略，解决资源使用中的问题。这可能涉及优化生产流程、提高采购效率、强化人力资源管理等方面。同时，企业应持续关注外部环境变化，调整资源策略以适应市场需求。例如，面对市场竞争加剧，企业可能需要加大研发投入以提升产品竞争力。

此外，企业还应建立有效的反馈机制，鼓励员工提出资源使用中的问题和建议。通过对员工反馈的收集和分析，企业可以发现潜在问题，进一步优化资源管理。比如，员工可能提出改进物料管理的建议，从而降低库存成本。

资源监测和评估应作为企业持续改进的一部分。企业需要定期对资源评估指标和方法进行审查和更新，以确保其符合企业战略目标和市场变化。企业还应鼓励创新和学习，以实现资源管理的持续优化。例如，企业可以定期组织内部培训，分享最佳实践和成功案例，来提高员工的技能和知识水平。

总之，建立有效的资源监测和评估机制对企业资源管理至关重要。通过明确目标、制定评估指标、数据采集与分析、及时调整与改进、建立反馈机制和持续改进，企业可以不断优化资源管理，提高资源利用效率，增强竞争力。只有在此基础上，企业才能在激烈的市场竞争中保持领先地位，实现可持续发展。

第二节　创新资源利用模式

随着市场竞争的日益激烈，企业需要不断创新资源利用模式，来提高资源利用效率，降低成本，增强竞争力。通过探索新的资源利用途径，企业可以挖掘潜在的资源价值，实现资源价值的最大化。

一、引入新技术

技术进步是推动企业资源利用效率提升的关键因素。引入新技术可以帮助企业优化生产流程，提高生产效率，降低单位产品的成本。此外，新技术还可以为企业带来创新商业模式的机会，如互联网、大数据、人工智能等。企业应关注技术发展趋势，积极引入新技术，来实现资源利用的创新。

例如，对于一家制造业公司，引入新技术可以帮助其优化生产流程，提高生产效率。可以采用智能制造技术，实现生产计划智能化调度，生产过程智能化控制，产品质量智能化检测和评价等，从而提高产品质量和生产效率。

再比如，一家物流公司也可以引入新技术，如物联网技术、自动驾驶技术等，来提高物流效率。一方面，可以通过物联网技术实现对货物运输过程的实时监控和跟踪，以提高货物运输的安全性和准确性；另一方面，可以通过自动驾驶技术实现自动化驾驶，以减少驾驶员的操作疲劳和交通事故风险，提高货物运输的安全性和效率。

在另一个行业中，一家互联网公司也可以引入新技术，如人工智能技术，来创新商业模式。一方面，可以通过人工智能技术对用户行为进行分析，开发出更加智能化的广告投放系统，提高广告效果和用户体验；另一方面，可以通过人工智能技术对用户需求进行分析，开发出更加智能化的个性化推荐系统，提高用户满意度和忠诚度。

二、探索新商业模式

商业模式的创新是资源利用模式创新的重要途径。通过探索新的商业模式，企业可以找到新的资源利用方式，实现资源价值的最大化。例如，共享经济模式、平台经济模式等新兴商业模式，都为企业带来了新的资源利用途径。企业应根据自身特点和市场需求，勇于尝试新商业模式，挖掘资源潜力。

对于一家共享经济公司来说，通过探索新的商业模式，可以将其业务扩展到更广泛的领域。如可以采用共享汽车模式，为用户提供更加便捷的出行服务；可以采用共享住宿模式，为用户提供更加个性化的旅行体验。

一家平台经纪公司也可以探索新的商业模式，以更好地利用平台资源。如可以采用"线上 + 线下"的模式，将线上平台与线下实体店相结合，为用户提供更加全面的服务；可以采用"B2B+C2C"的模式，将 B2B 业务与 C2C 业务相结合，为用户提供更加个性化的消费体验。

一家传统的制造业企业也可以通过探索新的商业模式，来提高资源利用效率。例如，可以采用"工厂 + 互联网"的模式，将传统工厂与互联网相结合，实现生产流程的智能化和自动化；可以采用"产消者 + 生产者"的模式，将生产者和消费者相结合，实现资源的共享和循环使用。

三、寻求跨界合作

跨界合作是实现资源利用模式创新的有效手段。通过与不同领域的合作伙伴携手，企业可以拓展资源利用渠道，实现资源的互补和共享。例如，企业可以与科研机构合作开发新技术，或与其他产业链上下游企业合作共享资源。跨界合作有助于企业拓宽视野，实现资源价值的最大化。

具体来说，对于一家科技公司，通过寻求跨界合作，可以与其他领域的企业如医疗、金融等合作，实现资源的互补和共享。例如，科技公司可以与医疗机构合作，共同开发医疗信息化产品，提高医疗机构的效率和服务质量；可以与金融机构合作，共同开发金融科技产品，提高金融行业的效率和竞争力。

此外，一家制造业企业也可以寻求跨界合作，来提高资源利用效率。例如，制造业企业可以与物流企业合作，共同开发智能制造系统，来提高生产效率和物流效率；可以与房地产企业合作，共同开发智能家居系统，来提高居住舒适度和生活品质。

在另一个行业中，一家互联网公司也可以寻求跨界合作，来创新资源利用方式。例如，互联网公司可以与电信运营商合作，共同开发物联网技术，实现资源的共享和智能化管理；可以与金融机构合作，共同开发金融产品，提高用户消费体验和市场竞争力。

第三节　资源合作与共赢

资源合作与共赢是商业模式中至关重要的一部分。在当今竞争激烈的市场中，企业需要不断提高资源利用率和竞争力，以实现可持续发展和长期获利。资源合作与共赢是一种通过合作共享资源、提高效率、降低成本、增强竞争力和获利能力的商业模式。它不仅可以提高企业的收益和利润，还可以为企业和社会带来更大的价值。

一、资源合作与共赢的定义和内涵

资源合作和共赢是两个密切相关的概念，它们对企业的成功至关重要。资源合作是指企业之间或企业与个人之间合作共享资源，以实现共同的目标和利益。共赢则是指在实现企业自身目标的同时，也要关注企业和社会之间的利益平衡，实现可持续发展和长期获利。

资源合作和共赢的内涵包括了多个方面，例如资源利用率提高、竞争力增强、收益增加以及社会责任的履行等。通过资源合作，企业可以共享资源，降低成本，提高生产效率和竞争力。共赢则强调企业在实现自身目标的同时，也要关注企业和社会之间的利益平衡，实现可持续发展和长期获利。

例如，在汽车行业中，整车制造商和零部件供应商可以通过资源合作实现共赢。整车制造商可以通过与零部件供应商的合作，提高零部件采购效率，降低成本，同时提高产品质量和竞争力。零部件供应商也可以通过与整车制造商合作，扩大市场份额，提高生产效率和竞争力。

在环保领域，企业可以通过与政府进行资源合作，实现共赢，提高社会责任感和企业形象。而政府，则可以通过与企业合作，推广环保技术和产品，提高环保意识和管理水平，减少环境污染和资源浪费。

共享经济和多边合作是资源合作与共赢的典型成功实践案例。共享经济模式通过共享闲置资源，实现了资源利用率的大幅提高，降低了成本，增强了竞争力，赢得了消费者的青睐。多边合作模式则通过多方合作，共同实现某一目标，以实现共赢和可持续发展。

在实践中，资源合作和共赢的成功取决于多种因素，包括合作方的互信、管理机制、资源分配等。因此，企业需要不断探索和实践，才能实现资源合作和共赢的目标，从而获得长期的发展和持续的成功。

二、资源合作与共赢的优势

资源合作与共赢的优势是多方面的。

首先，它可以提高企业的资源利用率和竞争力，降低成本和费用。例如，在电子商务领域，电商平台和快递公司可以通过合作实现共赢。电商平台可以通过与快递公司的合作，提高快递配送效率，降低成本，同时提高产品质量和竞争力。快递公司也可以通过与电商平台的合作，扩大市场份额，提高生产效率和竞争力。

其次，资源合作与共赢还可以增强企业在市场上的竞争力和吸引力，提高市场份额和客户满意度。例如，航空运输行业中，航空公司可以通过与机场的合作实现共赢。通过与机场的合作，航空公司可以提高航班起降效率，降低成本，同时提高产品质量和竞争力。通过与航空公司的合作，机场则可以扩大市场份额，提高生产效率和竞争力。

再次，资源合作与共赢还可以提高企业的创新力和创造力，促进企业快速发展和增长。例如，在科技领域，科技企业和风险投资公司可以通过合作实现共赢。一方面，科技企业可以获得资金支持，扩大市场份额，提高创新能力和竞争力。另一方面，风险投资公司则可以发掘有潜力的科技企业，提供资金支持和管理经验，促进企业的快速发展和成长。

最后，资源合作与共赢还可以提高企业的社会形象和品牌价值，为企业带来更多的商业机会和发展机遇。例如，在社会责任领域，企业可以通过与慈善机构的合作，提高社会责任感和企业形象，赢得消费者的信任和支持。此外，企业还可以通过与政府的合作，参与公共事业和基础设施建设，扩大市场份额，提高品牌价值和社会形象。

三、资源合作与共赢的挑战

实现资源合作与共赢也面临着一些挑战。

首先，资源争夺和资源垄断是企业之间合作的重要障碍。例如，在云计算领域，云计算服务提供商之间存在着激烈的竞争，这限制了它们之间的进一步合作。在汽车行业，电动汽车和传统汽车制造商之间的竞争关系则导致了资源争夺和资源垄断的问题。

其次，信任问题和管理难题也是实现资源合作与共赢的重要挑战。例如，在某些情况下，企业之间的合作关系可能会导致内部竞争和资源分散，从而降低整个生态系统的效率。另外，管理合作过程中的不同文化差异、人员变动和信息交流问题也很困难。

虽然存在竞争和不信任，但为谋求发展，企业还是要追求资源的合作与共赢。例如，在互联网行业，竞争一直是企业之间的重要问题。为了实现资源合作与共赢，企业需要克服竞争压力，共同推动行业发展。例如，谷歌和苹果曾经因为智能手机操作系统的竞争而互相起诉，但是两家公司也在合作，推出了 iOS 和 Android 的联盟，旨在推动智能手机行业的发展。

此外，企业还需要关注社会责任和可持续发展。例如，在全球化和环保问题日益突出的背景下，许多企业和组织开始合作，推动可持续发展和环境保护。

四、资源合作与共赢的实践案例

共享经济和多边合作是两个成功实践资源合作与共赢的模式。具体来说，共享经济模式通过共享闲置资源，实现了资源利用率的大幅提高，降低了成本，增强了竞争力，赢得了消费者的青睐。例如，在线租赁平台 Airbnb 为用户提供了闲置房屋的租赁服务，使得用户可以在旅行时更加便捷地住宿。此外，共享交通平台 Uber 和 Lyft 也为人们提供了更加便捷的出行方式，促进了交通资源的合理利用。

多边合作模式则是通过多方合作，共同实现某一目标，以实现共赢和可持续发展。

除了以上两个模式，还有一些其他的成功实践案例。例如，一些国家和地区通过多边合作模式实现粮食和安全的目标等等。此外，一些全球性的组织也在各个领域展开了广泛的合作，以促进全球社会的发展和进步。

第四节　创业者模式

随着全球经济的快速发展和科技的飞速进步，无论是创业者还是现有企业，都面临着前所未有的机遇和挑战。在这个充满竞争和不确定性的时代，不仅创业者需要探索新的商业模式来适应瞬息万变的市场，传统企业也同样需要转变与创新。

创业者模式是指那些具有高度创新、快速适应、客户导向和自主决策等特征的商业模式。这种模式能够有效地提高企业的竞争力，加速市场响应速度，促进组织创新，提升客户满意度。在不断变革的商业环境中，无论是对于创业者还是寻求转型和发展的现有企业来说，创业者模式都成为一个越来越受欢迎的选择。

在这个充满变革的时代，了解和应用创业者模式将有助于企业和创业者更好地把握市场机遇，推动企业发展。

一、创业者模式的基本特征

创业者模式具有以下五个基本特征，这些特征共同为企业和创业者创造了独特的竞争优势。

1. 高度创新

创业者模式强调在产品、服务、商业模式等方面的创新。企业和创业者需要不断地进行尝试与优化，来满足市场的新需求和抓住新的商机。高度创新能够帮助企业区分竞争对手，打破行业壁垒，提高市场份额。

2. 快速适应

创业者模式要求企业具有高度的灵活性和快速适应变化的能力。在市场环境不断变化的情况下，企业需要迅速调整战略、产品和服务，以适应新的竞争格局和客户需求。快速适应有助于企业在激烈的市场竞争中保持领先地位。

3. 客户导向

创业者模式强调以客户需求为核心，全面关注客户体验。企业需要从客户的角度出发，深入了解客户的需求和"痛点"，提供有针对性的解决方案。客户导向有助于建立稳固的客户关系，提高客户满意度和忠诚度。

4. 自主决策

创业者模式鼓励企业在决策过程中保持独立性和自主性。这意味着企业应当根据自身的目标、资源和市场情况，制订适合自己的战略和发展计划。自主决策能够增强企业的应变能力，避免盲目跟风和过度依赖外部因素。

5. 学习型组织

创业者模式强调建立一个不断学习和成长的组织。企业应当鼓励员工不断提升自身能力，分享知识和经验，以便在市场变化中迅速应对。此外，企业还需要关注行业动态和最新技术，及时吸收新知识，为创新和发展提供源源不断的动力。

通过深入了解创业者模式的基本特征，并结合实际案例，企业和创业者可以更好地理解其价值所在，并将其应用于实际商业活动中，从而实现可持续的发展和竞争优势。

二、采用创业者模式的优势

采用创业者模式可以为企业和创业者带来诸多优势，主要表现在以下五个方面。

1. 提高竞争力

通过持续创新和快速适应市场变化，创业者模式有助于企业在激烈的市场竞争中取得优势。企业能够凭借独特的产品、服务和商业模式，吸引更多客户，从而提升市场份额。

2. 加速市场响应速度

创业者模式强调快速适应市场变化和客户需求，使企业能够更敏捷地作出决策并执行。这种快速反应机制有助于企业抢占市场先机，避免错失商机。

3. 促进组织创新

创业者模式鼓励企业建立学习型组织，推动员工不断提升技能和知识水平，为组织创新提供源源不断的动力。企业可以通过跨部门合作、员工培训、激励制度等手段，激发员工的创新精神。

4. 提升客户满意度

创业者模式强调客户导向，关注客户需求和体验。通过深入了解客户需求，提供个性化的解决方案，企业可以提高客户满意度和忠诚度，进而促进口碑传播和持续增长。

5. 降低商业风险

创业者模式倡导自主决策和快速适应，使企业能够及时识别和应对市场风险。通过保持敏锐的市场观察能力，企业可以避免盲目投资和过度扩张，实现稳健发展。

三、挑战与应对

尽管创业者模式为企业带来了诸多优势，但在实际运用中也可能面临一些挑战。以下列举了几个常见的困境，并提供了相应的应对策略与建议。

1. 创业者模式可能带来的困境

（1）过度追求创新可能导致资源分散，影响核心业务的稳健发展。

（2）快速变化的市场环境可能使企业难以确定长期的战略方向。

（3）过分依赖客户需求可能导致企业丧失自身特色和竞争优势。

2. 如何平衡创新与稳健的发展

（1）确立明确的核心价值观和竞争优势，确保创新项目与企业战略相符。

（2）建立创新项目评估机制，以确保资源分配的合理性和项目的可行性。

（3）在扩张新业务时，保持对现有业务的关注和投入，确保稳健发展。

3. 应对挑战的策略与建议

（1）加强市场调查和竞争对手分析，了解行业趋势和客户需求，以制定有针对性的战略。

（2）建立敏捷的组织结构和决策机制，使企业能够迅速应对市场变化和挑战。

（3）培养员工的创新意识和批判性思维，鼓励他们发现和解决问题。

通过妥善应对这些挑战，企业和创业者可以在充满不确定性的市场环境中保持竞争力，实现创业者模式的长期可持续发展。在这个过程中，关键在于找到创新与稳健的平衡点，以及不断调整和优化战略与管理的方法。

第五章　客户获利

在当今竞争激烈的市场环境中，客户获利成为企业生存和发展的关键。本章旨在引导读者深入了解如何通过五种不同的方法来增加客户价值和获利，从而提升企业竞争力。我们将结合实际案例，对每种方法的应用进行详细阐述，帮助读者掌握关键技巧。

首先，我们将介绍客户开发模式，阐述如何通过精准营销策略，将潜在客户转化为实际客户，实现客户价值的最大化。

其次，我们将探讨客户解决方案模式，深入剖析企业如何关注客户在使用产品或服务过程中可能遇到的问题，并提供"一站式"、整体性的解决方案，以提高客户满意度和忠诚度。

再次，我们将着重讨论提高客户满意度与忠诚度的方法，强调优质产品、服务和客户关系的重要性。紧接着我们将分析多单位系统模式，说明如何通过多种运营模式，如直营、加盟、代理等，来满足不同市场和客户的需求，扩大市场覆盖面，提高客户接触率，从而增加客户获利。

最后，我们将解读速度模式，强调快速响应客户需求的重要性，以及如何通过缩短产品研发、生产、销售等环节的时间来提高客户满意度。

第一节　客户开发模式

客户开发模式是一种关注客户需求和价值的市场营销策略，旨在帮助企业在激烈的市场竞争中识别、吸引、保留并发展目标客户。

客户开发模式涉及一系列系统化的方法和步骤，包括潜在客户的识别和定位、精准营销策略及工具、个性化服务和产品设计、客户需求满足与价值最大化等。通过实施客户开发模式，企业可以更有效地满足客户需求，提升客户满意度和忠诚度，从而实现客户价值最大化和企业利润最大化。

一、潜在客户的识别和定位

潜在客户的识别和定位是客户开发模式的第一步，也是最为关键的一环。只有准确地找到目标客户，才能更有效地制定营销策略，提供个性化服务和产品，从而满足客户需求并实现价值最大化。以下是在潜在客户识别和定位过程中需要注意的关键要素。

1. 明确市场定位

企业需要对自身的产品或服务进行市场定位，分析自身在市场中的竞争优势和特点。以某高科技智能手机制造商为例，通过研究行业趋势、竞争对手和消费者需求，企业发现目标市场是对创新科技产品有浓厚兴趣的消费者群体。由此，该企业便决定重点关注这一特定市场，研究其潜在客户的特征。通过对目标市场和潜在客户的深入了解，企业能够更精准地制定相应的营销策略和进行产品设计，从而提高市场份额和客户满意度。

2. 客户细分

在明确市场定位的基础上，企业可以进行客户细分。客户细分是指根据消费者的不同需求、行为、地理位置、人口统计学特征等因素，将消费者划分为不同的群体。以一家健康饮食品牌为例，企业可以将消费者划分为注重健康的年轻人、中老年消费者和运动爱好者等不同群体。客户细分有助于企业更精准地了解目标客户的需求和喜好，为后续的营销策略和个性化服务提供有力支持。通过针对不同客户群体的需求，企业能够制定更加贴合目标客户的营销策略，提供更符合他们需求的产品和服务，从而提高市场竞争力和客户满意度。

3. 收集数据和信息

为了更好地识别和定位潜在客户，企业需要收集大量的数据和信息。这些数据和信息可以通过多种渠道获取，如市场调查、消费者行为数据、线上线下活动参与情况等。此外，企业还可以利用数据挖掘技术和大数据分析工具，挖掘潜在客户的潜在需求和行为特征。

4. 制定潜在客户画像

在收集到足够的数据和信息后，企业可以根据客户细分结果，为每个潜在客户群体制定客户画像。客户画像是指对潜在客户的全面、具体的描述，包括年龄、性别、职业、收入、消费习惯、兴趣爱好等方面的信息。通过客户画像，企业可以更深入地了解目标客户的特征和需求，为后续的精准营销策略和个性化服务提供有力支撑。

5. 监测和调整

识别和定位潜在客户的过程不是一次性的，而是一个持续进行、不断优化的过程。企业需要定期对已有的客户画像进行监测和调整，以适应市场的变化和客户需求的演变。以一家在线教育公司为例，随着在线教育行业的快速发展和消费者需求的多样化，该公司需要不断调整和优化其目标客户群体，如将目标从初中生扩展到高中生、大学生，甚至职场人士。此外，企业还应关注新兴市场和消费者群体，如海外市场、新兴行业从业者等，以便及时发现新的潜在客户，为企业的可持续发展创造新的机遇。通过不断地调整和优化客户识别和定位过程，企业能够在激烈的市场竞争中保持领先地位，为客户提供更优质的产品和服务。

二、精准营销策略及工具

在对潜在客户进行识别和定位之后，企业需要采用精准营销策略及工具来吸引和留住这些客户。以下是一些在客户开发模式中常用的营销策略和工具。

1. 内容营销

内容营销是一种通过创建有价值、相关的内容来吸引和留住目标客户的营销方法。例如，一家户外运动装备公司可以通过撰写关于徒步旅行、攀岩和露营技巧的博客文章来吸引热爱户外运动的潜在客户。

2. 社交媒体营销

社交媒体平台（如抖音、微信）为企业提供了与潜在客户互动的机会。通过在这些平台上分享有趣的内容、推广活动和优惠信息，企业可以增加品牌曝光度并吸引潜在客户。

例如，品牌账号运营是社交媒体营销的一种方式。某个品牌可以在社交媒体上运营自己的账号，通过发布图片、视频、文字等内容来吸引潜在消费者的注意力。比如，品牌可以发布与产品相关的照片或视频，或者发布有关品牌历史、文化或价值观的内容。同时，品牌还可以与消费者进行互动，回答他们的问题，通过提供优惠券或折扣码等来吸引消费者进行购买。

3. 电子邮件营销

电子邮件营销是一种直接向潜在客户发送商业信息的方法。企业可以通过发送定期的电子报、促销活动和个性化推荐等邮件内容，与潜在客户保持联系，提高客户忠诚度。

4. 搜索引擎优化（SEO）

SEO 是一种通过优化网站内容和结构，提高其在搜索引擎结果页（如百度、Google 等）上的排名的方法。高排名有助于企业吸引更多潜在客户，提高转化率。比如，某网络营销公司通过 SEO 优化来提高其客户网站的排名。他们可能会优化一个服装品牌的网站，使其在搜索有关服装的关键词时排名更高，从而吸引更多的潜在客户。再比如，一家旅游网站可能会通过 SEO 优化来提高其在搜索引擎结果页上的排名，以便在用户搜索有关旅游的关键词时更容易被找到。任何企业网站都可以进行 SEO，比如一家食品公司可能会通过 SEO 优化来提高其产品在搜索引擎结果页上的排名，他们可能会优化一款巧克力蛋糕的产品页面，使其在搜索巧克力蛋糕的关键词时排名更高。

5. 线上广告

企业可以通过投放搜索引擎广告（如百度广告）和社交媒体广告（如微信、抖音广告）等线上广告，实现精准定位和高效推广。这种方法可以帮助企业在有限的预算内实现更高的投资回报率（ROI）。

6. 大数据和人工智能

现代营销工具允许企业利用大数据和人工智能技术深入了解客户行为和偏好。通过对客户数据的分析，企业可以更精确地制定营销策略，提高营销活动的有效性。比如阿里巴巴公司，利用大数据和人工智能技术来分析客户数据，以制定更精确的营销策略。他们可能会根据客户购买历史和偏好，向客户推荐相关产品。再比如拼多多、京东等平台，利用大数据和人工智能技术来分析客户数据，以制定更精确的营销策略，根据客户的购买历史和偏好，为其推荐相关产品。

7. 口碑营销

通过鼓励现有客户与潜在客户分享他们的购买体验和满意度，企业可以借助口碑营销来扩大品牌影响力。例如，企业可以设置积分奖励计划，鼓励客户邀请朋友和家人尝试产品或服务。

8. 合作营销

企业可以与相关行业的合作伙伴进行联合营销活动，共同扩大市场份额。这种合作方式可以帮助企业利用合作伙伴的资源和客户基础，吸引更多潜在客户。例如，一家运动服装品牌可以与一家健身房进行合作，为健身房会员提供优惠折扣，同时吸引潜在客户。

9. 本地化营销

针对不同地区的特点和需求，实施本地化营销策略。例如，一家跨国公司可以针对不同国家和地区的文化、消费习惯及购物喜好，制定有针对性的营销策略和产品设计。

10.客户关系管理（CRM）

通过实施有效的客户关系管理策略，企业可以更好地了解和满足客户需求，提高客户满意度和忠诚度。例如，企业可以使用 CRM 软件来记录客户信息和购买历史，实时跟踪客户需求，以便提供更个性化的服务。

总之，在客户开发模式中，采用精准营销策略及工具对于吸引和留住潜在客户至关重要。企业应根据目标市场和客户需求的不同，灵活运用各种营销策略和工具，以实现客户价值最大化和企业利润最大化。在后文中，我们将进一步探讨个性化服务和产品设计、客户需求满足与价值最大化以及客户开发模式的实际案例分析。

三、个性化服务和产品设计

在通过识别潜在客户和实施精准营销策略吸引潜在客户后，企业需要为客户提供个性化服务和产品设计，以满足不同客户群体的需求。以下是实现个性化服务和产品设计的一些建议。

1. 深入了解客户需求

企业需要深入了解客户的需求、期望和喜好，以便为他们提供更贴合需求的产品和服务。关于此，企业可以通过市场调查、客户反馈和大数据分析等手段实现。例如，一家健康食品公司可以通过在线问卷调查收集消费者对于产品口味、包装和价格的意见与建议，从而优化现有产品或开发新产品，以更好地满足消费者的需求。

2. 定制化产品和服务

根据不同客户群体的需求和喜好，企业可以为他们提供定制化的产品和服务。例如，一家手机制造商可以根据不同用户的使用场景和功能需求，推出不同定制版本的手机。

3. 提供多样化的选择

为满足客户多样化的需求，企业可以提供多种产品和服务供客户选择。例如，一家咖啡店可以提供多种口味的咖啡、茶和糕点，以满足不同客户的口味需求。

4. 优化用户体验

企业应重视用户体验，并不断优化产品和服务的设计，以提高客户满意度。例如，一家在线购物平台可以优化网站导航、页面设计和支付流程，以便为用户提供更便捷的购物体验。

5. 个性化客户沟通

企业可以通过个性化的沟通方式，了解客户需求并提供有针对性的服务。例如，一家旅行社可以通过电话、邮件或在线聊天等方式与客户沟通，了解他们的旅行计划和需求，为他们提供定制化的旅行方案。

6. 创新产品和服务

企业应不断创新，开发新的产品和服务，以满足客户不断变化的需求。例如，一家家具制造企业可以根据市场趋势和客户需求，开发具有环保和智能功能的家具产品。

通过提供个性化服务和产品设计，企业可以更好地满足客户需求，提高客户满意度和忠诚度。

四、客户需求满足与价值最大化

实现客户需求满足与价值最大化，是客户开发模式的核心目标。因此，企业应采取一系列措施以确保客户需求得到满足，并在此过程中实现企业价值的最大化。具体措施如下。

1. 优质的售后服务

企业应提供优质的售后服务，以确保客户在购买产品或服务后仍能得到满意的支持。例如，一家家电公司可以提供免费的安装、维修和退换货服务，以提高客户满意度。

2. 定期回访和关怀

企业可以定期回访客户，了解他们对产品或服务的满意程度，并及时解决客户遇到的问题。例如，一家汽车销售公司可以在客户购车后的一定时间内，通过电话或电子邮件了解客户对汽车的使用体验，并提供相应的维修和保养建议。

3. 赠品和优惠活动

企业可以通过赠品和优惠活动激励客户继续消费并推荐给其他人。例如，一家化妆品店可以为购满一定金额的顾客提供赠品或折扣券，以鼓励他们再次光顾。

4. 客户忠诚度计划

企业可以推出客户忠诚度计划，以奖励长期支持企业的客户。例如，一家连锁餐厅可以为会员提供积分奖励，兑换免费餐点或优惠券，从而提升客户的回头率。

5. 收集和分析客户数据

通过收集和分析客户数据，企业可以更好地了解客户的消费习惯和需求，进而优化产品和服务，提高客户满意度。例如，一家电商平台可以通过分析用户浏览和购买数据，为他们推荐相关的产品，从而提高转化率和客户满意度。

6. 持续创新和改进

企业应不断创新和改进产品和服务，以满足客户不断变化的需求。例如，一家科技公司可以根据市场趋势和客户反馈，不断更新软件功能和性能，来为客户提供更优质的使用体验。

通过实施上述措施，企业可以更好地满足客户需求，实现客户价值和企业价值的最大化。

五、客户开发模式的实际案例分析

为了更好地理解客户开发模式及其实际应用，我们将分析两个不同行业的企业案例，展示如何运用客户开发模式来提升客户价值和企业价值。

案例 1：一家在线教育公司

这家在线教育公司专注于提供多种语言的学习课程。通过对市场的调查和研究，公司明确了目标客户群体，并针对不同年龄和学习需求的用户提供了一系列定制化课程。在营销策略方面，该公司利用社交媒体和内容营销吸引潜在客户，同时通过推出免费试学和优惠活动，将潜在客户转化为实际购买者。为了提高客户满意度和忠诚度，该公司还采用了个性化的课程设计和教学方式，以及优质的售后服务，包括客户支持和定期回访。通过这一系列措施，该公司成功地实现了客户需求满足与价值最大化。

案例 2：一家智能家居设备制造商

这家智能家居设备制造商通过市场调查和竞品分析，确定了目标市场和潜在客户特征。为了吸引这些潜在客户，公司运用了精准的营销策略，包括在科技博客和社交媒体平台投放广告，以及与知名科技博主合作进行产品评测。在产品设计方面，该公司关注用户体验，不断创新和改进产品性能和功能，以满足客户日益严格的需求。此外，该公司还提供了优质的售后服务，包括免费的设备安装和维修保障。通过客户开发模式，该智能家居设备制造商成功地满足了客户需求，实现了企业价值的最大化。

以上两个案例分别展示了客户开发模式在不同行业的应用，以及如何通过识别潜在客户、实施精准营销策略、提供个性化服务和产品设计以及满足客户需求来实现价值最大化。企业可以根据自身的实际情况和行业特点，灵活运用客户开发模式，提升客户价值和企业价值。

第二节　客户解决方案模式

一、解决方案的概念和核心价值

客户解决方案模式是一种以客户需求为核心的商业模式，它关注的重点在于深入了解客户的需求和"痛点"，并为客户提供量身定制的解决方案。这种模式的目标是帮助客户解决问题或挑战，从而提高客户满意度和客户忠诚度。

相较于其他商业模式，客户解决方案模式具有独特的优势，它不同于以产品为核心、主要关注产品创新与优化的产品导向模式，而是将重心放在客户需求的满足上。同时，客户解决方案又区别于那些以提供优质服务为首要目标的服务导向模式，因为客户解决方案模式更着眼于为客户呈现全面且完整的解决方案。

客户解决方案模式对于企业而言有诸多好处，包括更高的客户满意度、更高的客户忠诚度、更高的盈利以及创新驱动。然而，客户解决方案模式也存在一定的劣势，如实施难度较大，需要深入了解客户需求，需要较高的成本和时间投入。此外，实施客户解决方案模式，需要企业内部各部门紧密合作，这可能会遇到组织沟通和协作的挑战。

总的来说，客户解决方案模式是一种强调客户需求的商业模式，通过为客户提供定制化解决方案，可以帮助企业实现客户满意度和忠诚度的提升。最后，客户解决方案模式虽然在实施过程中可能面临一些挑战，但对于那些愿意投入时间和精力深入了解客户需求的企业来说，这是一个非常有价值的商业模式。

二、识别客户问题和需求

为了实现客户解决方案模式的成功，企业必须深入了解客户的"痛点"和挑战，这意味着要倾听客户的声音，发现他们在日常生活和工作中遇到的困难。通过全面了解客户的需求，企业才能有效地为客户提供有针对性的解决方案。

识别客户需求的方法有很多，其中一些常见的包括访谈、问卷调查和数据分析。例如，丰田汽车在研发智能驾驶汽车时，利用问卷调查收集了大量关于客户对安全和便利性需求的信息。问卷调查可以帮助企业收集大量客户信息，从而发现潜在的市场需求。

除了以上提到的方法外，企业还应努力创新性地发现客户未明确表达的需求。例如，雀巢（Nestlé）在对中国市场进行调查时，发现中国消费者在炎热的夏季对饮用热咖啡的需求有所减少。这促使雀巢深入了解中国消费者的生活方式和饮食习惯，从而推出了冰咖啡等适应市场需求的产品。关注客户可能未能直接传达的信息，如他们的生活方式、价值观和消费习惯，能够帮助企业更好地了解客户的隐性需求。再以宜家（IKEA）为例，该公司通过观察和研究消费者在家居环境中的实际使用情况，发现了许多客户对于空间利用和收纳的独特需求。这使得宜家能够提供更符合客户期望的家居解决方案。通过深入研究客户的这些隐性需求，企业可以发现新的市场机会，想出新的产品创意，从而更好地满足客户需求。

总之，在客户解决方案模式中，识别客户问题和需求是至关重要的一环。企业应运用多种方法深入了解客户"痛点"和挑战，同时关注客户未明确表达的需求，以便为他们提供最适合的解决方案。

三、提供"一站式"、整体性解决方案

在客户解决方案模式中，企业需要为客户提供"一站式"、整体性的解决方案，以确保满足客户的多元化需求，具体包括量身定制的产品和服务设计、跨部门协作与团队合作，以及创新性地整合资源和技术等。

1. 量身定制的产品和服务设计

企业应根据客户的具体需求，为他们量身定制解决方案。例如，IBM在为企业客户提供 IT 解决方案时，会深入了解客户的业务需求和技术基础，然后为他们量身打造适合的硬件、软件和服务组合。这样的定制化解决方案能够满足不同客户的独特需求，提高客户满意度。

2. 跨部门协作与团队合作

要实现整体性解决方案，企业需要内部各部门之间的紧密协作。此外，跨部门协作还能促进知识共享，有助于企业发现新的市场机会和产品创意。

3. 创新性地整合资源和技术

企业应该不断创新，整合各种资源和技术，以提供更优质的解决方案。例如，特斯拉通过整合先进的电池技术、软件系统和自动驾驶技术，为客户提供创新的电动汽车和能源解决方案。这种创新性的整合有助于企业为客户创造更大价值，从而提高客户满意度。

总之，在客户解决方案模式中，企业需要通过量身定制的产品和服务设计、跨部门协作与团队合作，以及创新性地整合资源和技术，为客户提供"一站式"、整体性的解决方案。这将有助于满足客户的多元化需求，

提高客户满意度。

四、优化客户体验和满意度

在客户解决方案模式中，不仅要为客户提供"一站式"、整体性的解决方案，还要关注客户体验和满意度。为实现这一目标，企业需要提供高质量的客户服务与支持，收集和分析客户反馈以持续改进产品和服务，以及构建客户关系管理（CRM）系统来提高客户满意度。

1. 提供高质量的客户服务与支持

高质量的客户服务与支持是优化客户体验的关键。例如，亚马逊通过提供多种配送选项、灵活的退换货政策和快速响应的客户服务，赢得了客户的信任和忠诚。企业应不断改进客户服务流程，以确保客户在使用产品和服务过程中得到充分支持。

2. 收集和分析客户反馈，持续改进产品和服务

客户反馈是持续优化客户体验的重要来源。企业应该定期收集客户反馈意见，并通过分析这些数据来改进产品和服务。例如，Uber 根据乘客和司机的反馈不断优化其平台，从而提高双方的满意度。

3. 构建客户关系管理（CRM）系统来提高客户满意度

一个有效的客户关系管理（CRM）系统能帮助企业跟踪和管理与客户的互动，从而提高客户满意度。例如，Salesforce 提供了一套完整的 CRM 解决方案，帮助企业管理销售、客服和市场营销等各个环节。Salesforce 是一家提供云计算服务的软件公司，专门从事客户关系管理（CRM），其服务可以让企业利用云技术更好地与客户、合作伙伴和潜在客户进行连接。通过 CRM 系统，企业可以更好地了解客户需求，预测客户行为，并为客户提供个性化的解决方案。

总体而言，优化客户体验和满意度是客户解决方案模式中的重要环节，企业应该关注提供高质量的客户服务与支持，收集和分析客户反馈来持续改进产品和服务，并构建客户关系管理（CRM）系统来提高客户满意度。这将有助于进一步巩固客户关系，提高客户忠诚度。

五、客户解决方案模式的实际案例分析

要更好地理解客户解决方案模式在实际业务场景中的应用，可以通过分析 IBM 这个典型案例进行学习。

IBM 是一家全球领先的技术和咨询公司，以客户为中心，为企业级客户提供广泛的产品和服务组合，包括硬件、软件、云服务、人工智能和数据分析等。

IBM 深入了解客户的业务需求和技术基础，然后为他们量身打造适合的解决方案。以零售业客户为例，IBM 提供了一套完整的客户解决方案，涵盖供应链管理、商店运营和客户关系管理等方面。同时，IBM 积极创新和整合各种资源与技术，来提供更优质的解决方案。

此外，IBM 内部各部门之间紧密合作，共同为客户提供高效的服务。这种跨部门协作有助于更好地满足客户需求，提高客户满意度。

尽管 IBM 在客户解决方案模式方面取得了显著的成功，但仍有一些改进建议。首先，IBM 可以进一步加强与客户的沟通与互动，建立更紧密的合作关系。其次，IBM 需要持续收集客户反馈，改进产品和服务，从而提高客户满意度。

通过分析 IBM 这个典型的企业案例，我们不仅可以深入了解客户解决方案模式的运用，还可以学习到成功因素和改进建议。这有助于我们将客户解决方案模式应用于实际业务场景中，从而更好地满足客户需求。

第三节　提高客户满意度与忠诚度

一、客户满意度与忠诚度的重要性

在当今竞争激烈的商业环境中，客户满意度与忠诚度已成为企业获得持续成功的关键因素。客户满意度可以简单地理解为顾客对购买和使用产品或服务后的满足程度。而客户忠诚度则是指客户对某个品牌、产品或服务的长期支持和偏好。客户满意度与忠诚度之间存在密切的联系，高度满意的客户往往会成为忠诚度较高的客户。客户满意度与忠诚度对企业的重要性主要体现在以下五个方面。

1. 增加企业收入

高客户满意度与忠诚度可以帮助企业吸引更多的新客户，并维持现有客户的持续回购。例如，某科技公司通过提供优质的产品和卓越的客户体验，赢得了大量忠实粉丝，这些客户持续购买该公司产品，从而为公司带来了可观的收入。

2. 降低营销成本

忠诚度较高的客户更可能通过口碑营销为企业带来新的潜在客户。以耐克为例，该公司广泛地依赖忠实客户的推荐，从而减少了广告和促销活动的成本。

3. 扩大市场份额

客户满意度与忠诚度的提高可以帮助企业在竞争中脱颖而出。例如，星巴克凭借高品质的咖啡和独特的客户体验，赢得了大量忠实客户，从而在全球咖啡市场中占据了领先地位。

4. 改善企业声誉

客户满意度与忠诚度越高，企业在行业中的口碑和声誉就越好。以亚马逊为例，其高度关注客户满意度和忠诚度，使其在电商领域赢得了极佳的声誉，成为全球最受信赖的品牌之一。

5. 降低客户流失率

提高客户满意度和忠诚度有助于减少客户流失。例如，Netflix 凭借优质的内容、个性化的推荐和优秀的客户服务，成功地保持了高客户满意度和忠诚度，从而降低了客户流失率。

总之，客户满意度与忠诚度在企业发展中扮演着至关重要的角色。为了提高这两个指标，企业需要关注产品和服务的质量，积极收集和分析客户反馈，制定有效的客户关系管理策略，并借鉴成功案例不断进行优化。

二、高质量产品和服务的保障

提供高质量的产品和服务是提高客户满意度和忠诚度的基础。企业如何确保产品和服务的高质量？主要应关注以下五点。

1. 产品设计和研发

企业应注重产品设计和研发，以满足客户需求和期望。例如，某科技公司通过不断创新，为客户提供了一系列具有独特设计和卓越性能的产品，赢得了客户的高度满意和高度的忠诚。

2. 严格的质量控制

企业应建立严格的质量控制体系，确保产品质量的稳定性和可靠性。以丰田汽车为例，其严格遵循"丰田生产方式"（Toyota Production System,

TPS）进行生产，确保了汽车的高质量和持久性，从而提高了客户满意度。

3.优质的客户服务

企业应提供优质的客户服务，包括售前咨询、售后支持和维修服务等，以满足客户的需求和解决问题。例如，某电商平台以其卓越的客户服务而闻名，通过24小时在线客服、快速响应和无障碍退换货政策等，为客户提供便捷的购物体验。

4.不断优化和改进

企业应根据市场反馈和客户需求，不断优化和改进产品与服务。以特斯拉为例，该公司通过不断升级软件和硬件，为客户提供了更加智能和环保的电动汽车，从而获得了客户的高度认可。

5.建立良好的供应链管理

企业应与优质供应商建立合作关系，确保原材料和零部件的质量。例如，宝马汽车严格挑选供应商，并与他们建立起长期的合作关系，以确保汽车零部件的高品质和可靠性。

总之，确保高质量的产品和服务保障是提高客户满意度和忠诚度的关键。企业应注重产品设计和研发，建立严格的质量控制体系，提供优质的客户服务，不断优化和改进产品与服务，并建立良好的供应链管理。通过这些措施，企业可以赢得客户的信任和支持，从而提高客户满意度和忠诚度。

三、客户反馈的收集和分析

客户反馈是提高客户满意度和忠诚度的宝贵资源，企业应当重视并充分利用这些信息。以下五点阐述了如何收集和分析客户反馈，并辅以实际案例进行说明。

1. 设立多渠道收集客户反馈

企业应设立多渠道收集客户反馈，如在线调查、电话访问、社交媒体互动等。例如，星巴克通过其官方应用程序、官方网站和社交媒体平台，收集客户对咖啡和服务的意见与建议。

2. 定期评估客户满意度

企业可通过定期进行客户满意度调查，了解客户对产品和服务的满意程度。例如，知名的美国廉价航空公司捷蓝（JetBlue）每年都会进行客户满意度调查，来了解乘客对其服务的评价，并针对调查结果进行改进。

3. 关注客户投诉和建议

企业应高度重视客户投诉和建议，及时解决问题并改进服务。例如，亚马逊通过其客户服务中心积极处理客户投诉，并根据客户建议改进购物体验。

4. 利用数据分析优化服务

企业可以通过数据分析工具，对收集到的客户反馈进行深入分析，发现潜在问题并制订解决方案。例如，Netflix 利用大数据和机器学习技术，分析用户观看行为和评价，从而优化内容推荐和提高客户满意度。

5. 与客户保持沟通

企业应与客户保持沟通，了解他们的需求和期望，及时调整产品和服务策略。例如，特斯拉 CEO 埃隆·马斯克经常与客户线上互动，收集反馈并回应问题，展现了企业对客户反馈的重视。

总之，客户反馈的收集和分析对于提高客户满意度和忠诚度至关重要。企业应建立多渠道收集反馈，定期评估客户满意度，关注客户投诉和建议，利用数据分析优化服务，并与客户保持沟通。通过这些措施，企业可以更好地了解客户需求，及时调整策略，从而提高客户满意度和忠诚度。

四、客户关系管理策略

客户关系管理（CRM）策略对于提高客户满意度和忠诚度具有重要作用。以下五点阐述了如何制定有效的客户关系管理策略。

1. 个性化服务

提供针对不同客户群体的个性化服务，以满足他们的需求和期望。例如，Spotify 音乐平台通过分析用户的收听历史和喜好，为用户推荐个性化歌单，提高了用户满意度。

2. 优秀的客户服务

提供高质量的客户服务，及时解决客户问题和需求。例如，苹果公司的 Genius Bar 为客户提供专业、热情的技术支持和售后服务，赢得了客户的好评。

3. 会员制度

设立会员制度，为忠诚客户提供优惠和特权，以增强他们的归属感。例如，星巴克的星享卡会员计划为会员提供免费咖啡、生日优惠等福利，提高了客户忠诚度。

4. 客户互动

通过社交媒体、线下活动等方式与客户互动，建立起良好的客户关系。例如，Nike 通过社交媒体平台分享运动故事，举办线下跑步活动等，与消费者保持紧密互动，增强品牌认同感。

5. 客户数据分析

利用数据分析工具，深入了解客户行为和需求，以制定更有效的营销策略。例如，亚马逊通过分析用户购物记录和搜索行为，为用户推荐相关商品，提高转化率。

通过实施这些客户关系管理策略，企业可以更好地满足客户需求，提高客户满意度和忠诚度。在制定策略时，企业应关注个性化服务、优秀的客户服务、会员制度、客户互动和客户数据分析等方面，以全面提升客户体验。

五、提高客户满意度与忠诚度的实际案例分析

以下十个案例展示了企业是如何通过采取不同措施提高客户满意度与忠诚度，并取得显著成果的。

1. 丰田汽车

丰田通过严格的质量控制、持续的研发创新以及优秀的售后服务，赢得了全球消费者的信任。例如，丰田推出混合动力汽车普锐斯，凭借其环保和节能特性，吸引了大量环保意识强烈的消费者，提高了客户满意度和忠诚度。

2. 阿里巴巴

阿里巴巴集团凭借其庞大的电商平台和多样化的服务，赢得了全球消费者的青睐。为提高客户满意度和忠诚度，阿里巴巴致力于打击假货、提高商品质量，并通过阿里巴巴旗下支付宝提供便捷的支付方式。此外，阿里巴巴还推出了会员制度，为客户提供更多优惠和特权。

3. 滴滴出行

滴滴出行是中国领先的出行服务平台，通过持续改进产品和服务，提高了客户满意度和忠诚度。滴滴推出多种出行服务，如快车、优享、顺风车等，以满足不同消费者的需求。同时，滴滴还强化了对司机的培训和管理，以确保优质的服务体验。

4. 谷歌

谷歌作为全球领先的互联网企业，其通过提供高质量的搜索引擎、在线工具和服务，赢得了客户的信任。谷歌重视用户隐私和安全，确保用户数据的保护。此外，谷歌还积极收集用户反馈，持续优化产品和服务，从而提高客户满意度和忠诚度。

5. 宜家家居

宜家以提供高质量、设计独特且价格适中的家居产品为核心策略，吸引了众多消费者。此外，宜家还通过数字化渠道，如虚拟现实、移动应用等，提供个性化的购物体验，进一步提升客户满意度。

6. 美团

美团是中国知名的生活服务平台，提供外卖、酒店预订、旅游等多种服务。为提高客户满意度和忠诚度，美团投入大量资源优化配送服务，缩短送餐时间，同时通过严格审核商家，保障商品质量。此外，美团还设立了会员制度，为客户提供更多优惠和便利。

7. 雷克萨斯

作为豪华汽车品牌，雷克萨斯通过卓越的产品质量、精湛的工艺和一流的客户服务，树立了良好口碑。例如，雷克萨斯推出的"雷克萨斯之道"项目，旨在为客户提供超越期望的服务体验，从而提高客户满意度和忠诚度。

8. 乐高集团

乐高凭借高品质、创意无限的积木玩具，赢得了全球各年龄段消费者的喜爱。为提高客户忠诚度，乐高还设立了会员俱乐部，提供积分兑换、专属活动等会员专享福利，来进一步巩固与客户的关系。

9.西南航空

作为一家廉价航空公司，西南航空通过提供免费行李托运、无座位分配等独特服务，吸引了大量价格敏感型客户。此外，该公司还积极关注客户反馈，不断优化服务，从而提高客户满意度和忠诚度。

10.宝洁公司

宝洁作为全球消费品巨头，旗下拥有多个知名品牌，如吉列、汰渍、护舒宝等。宝洁注重客户需求，通过研发高质量产品，满足消费者对个人护理和家居清洁等方面的需求。此外，宝洁还积极关注客户反馈，持续改进产品和服务，以提高客户满意度和忠诚度。

通过对以上案例的分析可以看出，各企业通过关注客户需求、提供高质量产品和服务、持续创新和优化等方式，成功地提高了客户满意度与忠诚度。这些案例为其他企业提供了宝贵的经验和启示，有助于企业在客户满意度和忠诚度方面取得更好的成绩。

第四节　多单位系统模式

一、多单位系统模式的概念和优势

随着经济的全球化和市场竞争的加剧，企业在寻求发展的过程中，需要采取多种运营模式以适应不同市场环境和客户需求。多单位系统模式（Multi-unit System Model），就是指企业通过采用不同的运营模式，实现多个业务单位协同发展的管理模式。该模式具有以下五个显著优势。

1. 灵活性

多单位系统模式提供了灵活性，使企业能够根据市场变化和业务需求调整运营模式。例如，企业可以在某一特定市场采用直营模式，而在另一市场则采用加盟模式。这种灵活性有助于企业更好地适应市场环境，实现业务增长。

2. 风险分散

采用多单位系统模式可以分散企业的经营风险。通过采用不同的运营模式，企业可以将风险分散在多个业务单位上，从而降低整体风险。例如，企业可能在直营门店遭遇经营困境，此时依靠加盟门店的稳定收入可以实现业务平稳运行。

3. 资源优化

多单位系统模式有助于企业更有效地利用资源。企业可以根据各个业务单位的特点和需求，合理分配资源，提高资源利用率。此外，通过整合多个业务单位的优势，企业可以实现资源共享和协同发展，降低成本，提高效率。

4. 创新驱动

多单位系统模式为企业提供了创新的空间。不同的运营模式可以为企业带来新的商业模式和管理思路，有助于推动企业的创新发展。同时，多个业务单位之间的竞争和协作可以激发企业内部的创新活力，促进企业不断进步。

5. 客户满意度提升

多单位系统模式可以帮助企业更好地满足客户需求。通过采用不同的运营模式，企业可以为客户提供更加个性化和多样化的产品和服务，从而提高客户满意度。同时，多个业务单位之间的协同发展有助于提高企业的整体服务质量和水平。

总之，多单位系统模式为企业带来了灵活性、风险分散、资源优化、创新驱动和客户满意度提升等优势。企业在面临复杂多变的市场环境时，应当根据自身的业务特点和市场需求，选择合适的运营模式，实现多个业务单位的协同发展。在接下来的部分，我们将讨论如何在直营、加盟、代理等运营模式中进行选择，并根据不同市场特点进行策略调整，以便更好地实施多单位系统模式。

二、直营、加盟、代理等运营模式的选择

企业在实施多单位系统模式时，需要根据自身的实际情况和市场需求，选择合适的运营模式。以下是直营、加盟、代理等运营模式的简要介绍和选择建议。

1. 直营模式

直营模式，是指企业直接运营门店或业务单位，对其进行全面控制和管理。这种模式适用于企业希望保持品牌形象和服务质量一致性的场景。直营模式的优势在于企业对业务的全面控制，可以确保品质和服务水平。然而，直营模式也需要企业投入大量的资金和人力资源。

2. 加盟模式

加盟模式，是指企业授权第三方加盟商使用其品牌和运营模式，加盟商需按照企业的规定和标准进行经营。加盟模式适用于企业希望快速扩张市场覆盖范围，减轻自身经营压力的场景。加盟模式的优势在于降低企业的经营风险和成本，加快市场扩张速度。然而，加盟模式可能会导致品牌

117

形象和服务质量的不一致。

3. 代理模式

代理模式，是指企业授权第三方代理商代表其销售产品或提供服务，代理商按照企业的规定和标准进行经营。代理模式适用于企业希望借助代理商的渠道和资源开展业务，降低自身市场开发成本的场景。代理模式的优势在于利用代理商的资源和网络，提高市场渗透率。然而，代理模式也可能导致品牌形象和服务质量的不一致。

企业在选择运营模式时，需要综合考虑自身的发展战略、市场特点、资源状况等因素。在实施多单位系统模式的过程中，企业可能需要同时采用多种运营模式以适应不同市场环境和客户需求。

三、针对不同市场特点的策略调整

在实施多单位系统模式时，企业需要根据不同市场的特点和需求进行策略调整。以下是针对不同市场特点的策略调整建议。

1. 市场需求分析

企业应深入了解目标市场的需求特点，包括消费者偏好、消费能力、竞争态势等因素，以便制定合适的运营策略。例如，在消费能力较强的市场，企业可以提供高端产品和服务，以满足消费者对品质的需求；而在竞争激烈的市场，企业则需要加大市场营销力度，提高品牌知名度。

2. 区域差异考虑

在不同地域，消费者的文化背景、生活习惯和消费观念可能存在差异，企业需要针对这些差异调整运营策略。例如，企业可以根据当地的饮食习惯推出特色产品，以吸引消费者；同时，企业还需关注当地的节假日和促销活动，合理安排营销活动，以提高市场份额。

3. 营销策略调整

企业需要根据目标市场的特点制定有效的营销策略，包括产品策略、价格策略、渠道策略和促销策略等。例如，在线上渠道日益重要的市场环境下，企业可以通过社交媒体、电子商务平台等多种途径进行产品推广；而在价格敏感的市场，企业则需要提供具有竞争力的价格，以吸引消费者。

4. 客户服务优化

在多单位系统模式下，企业需要重视客户服务质量，提升客户满意度。企业可以通过优化客户服务流程、提供多样化的服务方式、加强员工培训等手段，以提高服务质量。同时，企业还应建立有效的客户反馈机制，了解客户需求和意见，以便不断改进和优化服务。

通过针对不同市场特点进行策略调整，企业可以更好地实施多单位系统模式，实现业务单位的协同发展。

四、合作伙伴协作与资源整合

在实施多单位系统模式的过程中，企业需要与各类合作伙伴进行有效协作和资源整合，以实现共赢发展。以下是合作伙伴协作与资源整合的几点建议。

1. 选择合适的合作伙伴

企业应根据自身的发展需求和市场定位，选择具有相应能力和资源的合作伙伴。例如，在选择加盟商时，企业应关注其经营能力、市场开发能力以及对品牌理念的认同程度等因素，以确保双方能够顺利开展合作。

2. 建立有效的合作机制

企业与合作伙伴之间应建立明确的合作机制和沟通渠道，以便在日常运营过程中协同发展。例如，企业可以通过定期召开合作伙伴会议、设立专门的沟通平台等方式，及时了解合作伙伴的需求和意见，为其提供必要的支持和指导。

3. 共享资源和信息

企业与合作伙伴之间应实现资源和信息的共享，以提高整体运营效率。例如，企业可以与合作伙伴共享市场调查数据、技术研发成果、管理经验等，从而降低双方的成本，提高市场竞争力。

4. 优化供应链管理

在多单位系统模式下，企业需要加强供应链管理，以确保各个业务单位的顺利运作。企业应与供应商建立长期稳定的合作关系，优化采购流程，降低库存成本；同时，企业还需关注物流配送效率，以满足客户的需求。

通过与合作伙伴的有效协作和资源整合，企业可以更好地实施多单位系统模式，实现业务的快速发展。

五、多单位系统模式的实际案例分析

以下是两个采用多单位系统模式成功实现业务拓展的企业案例。

案例1：麦当劳

麦当劳是全球知名的快餐品牌，采用了直营和加盟两种运营模式。麦当劳通过直营门店维护品牌形象和服务质量，同时利用加盟模式快速扩张市场覆盖范围。此外，麦当劳还针对不同市场的特点进行产品和营销策略调整，以满足各地消费者的需求。

案例2：宜家家居

宜家家居是一家瑞典家居品牌，采用了直营和代理两种运营模式。在主要市场，宜家采用直营模式，以保持品牌形象和服务质量的一致性。在一些新兴市场和地区，宜家则通过代理模式利用当地代理商的资源和网络，降低市场开发成本，提高市场渗透率。此外，宜家还针对不同市场的特点进行产品策略和营销策略调整，以满足各地消费者的需求。

通过以上案例分析，我们可以看到，多单位系统模式为企业提供了灵活性、风险分散、资源优化、创新驱动和客户满意度提升等优势。在实施多单位系统模式的过程中，企业需要根据自身的业务特点和市场需求，选择合适的运营模式，并针对不同市场特点进行策略调整。同时，企业还需与合作伙伴进行有效协作和资源整合，以实现业务的协同发展和快速增长。

第五节　速度模式

一、速度模式的概念及优势

速度模式，即将速度作为企业发展战略中的重要竞争力，以快速满足市场需求和客户期望为核心目标。在当今竞争激烈的市场环境中，速度已经成为一种战略优势，企业需不断提高自身的速度来适应不断变化的市场需求。速度模式的概念涵盖了产品研发、生产、销售、客户服务等多个环节，是一种系统性的战略管理方式。接下来，我们将详细介绍速度模式的优势。

（1）提高市场竞争力速度模式能够帮助企业迅速响应市场变化，抢占先机，从而提高市场竞争力。在一个快速变化的市场环境中，能够迅速适应并抓住机遇的企业往往具有更多的竞争优势。

（2）提升客户满意度速度模式强调快速响应客户需求，从而提升客户满意度。通过减少客户等待时间、提高客户服务效率等方式，企业可以更好地满足客户需求，建立长期稳定的客户关系。

（3）降低成本速度模式在提高企业运营效率的同时，也能有效降低成本。通过缩短研发周期、优化生产流程、提高物流效率等方式，企业可以降低各个生产环节的成本，实现整体成本优化。

（4）促进创新速度模式鼓励企业在研发、生产和服务等环节加大创新力度，从而提升企业的创新能力。快速迭代的产品和服务能够为企业带来更多的机会，驱动企业持续创新。

（5）提高员工士气。在速度模式下，企业需要建立高效的团队，提高员工的执行力和工作效率。这种高效的工作氛围有助于提高员工的积极性和士气，从而推动企业持续向前发展。

总之，速度模式作为一种战略管理方式，具有显著的优势。在当前竞争激烈的市场环境中，企业应积极采用速度模式，在提高市场竞争力、提升客户满意度、降低成本、促进创新和提高员工士气等方面取得优势。在接下来的部分中，我们将深入探讨如何在产品研发、生产、销售等环节实施速度模式，以及敏捷开发和精益生产方法的运用。同时，我们还将探讨优化供应链管理和物流效率的方法，以及如何快速响应客户服务需求。最后，我们将通过实际案例分析，展示速度模式在企业发展中的应用及成效，为广大企业提供有益的借鉴。

二、缩短产品研发、生产、销售环节的时间

在速度模式中，缩短产品研发、生产、销售环节的时间是至关重要的。为了实现这一目标，企业可以参考以下三个步骤。

1.加速产品研发

在产品研发阶段，企业应尽量缩短研发周期，提高研发效率。这可以通过以下方式实现：

（1）引入敏捷开发方法，实现快速迭代；

（2）采用跨部门协作，提高团队沟通效率；

（3）利用数字化和智能化技术，提高研发过程中的自动化程度。

2. 优化生产流程

在生产环节，企业应优化生产流程，提高生产效率。具体措施包括：

（1）引入精益生产方法，消除生产过程中的浪费；

（2）采用自动化和智能化设备，提高生产过程中的自动化程度；

（3）加强生产计划管理，实现有序、高效的生产。

3. 提高销售效率

在销售环节，企业应努力提高销售效率，以便更快地将产品推向市场。方法包括：

（1）采用数字化营销手段，提高营销效果；

（2）精细化市场细分，确保产品和服务更精准地满足客户需求；

（3）建立高效的销售团队，提高销售团队的执行力和沟通效率。

通过以上方法，企业可以在研发、生产、销售等环节实现时间的有效缩减，从而提高市场竞争力、提升客户满意度，并为企业创新发展创造更多机会。下面，我们将进一步探讨敏捷开发和精益生产方法的具体应用，以及如何优化供应链管理和物流效率，以实现速度模式的全面落地。

三、敏捷开发和精益生产方法

在速度模式中，敏捷开发和精益生产方法在提高企业运营效率和降低成本方面发挥着重要作用。接下来，我们将分别探讨这两种方法的特点和实施策略。

1. 敏捷开发

敏捷开发是一种以快速响应市场变化和客户需求为核心的软件开发方法。它强调跨功能团队的协作、持续交付、不断迭代，以及与客户保持紧密沟通。敏捷开发的关键实践包括以下内容。

（1）短周期迭代。将项目分为多个小阶段进行开发，每个阶段独立完成一个功能模块。通过短周期迭代，可以实现快速反馈和调整，提高项目成功率。

（2）跨功能团队。敏捷开发强调组建跨功能团队，成员包括产品经理、开发人员、测试人员、设计师等。这种团队结构有利于提高协作效率，缩短开发周期。

（3）持续集成与持续交付。敏捷开发鼓励频繁地进行代码集成和部署，以便及时发现和修复问题。通过持续集成与持续交付，可以确保软件始终处于可发布状态。

（4）及时沟通与反馈。敏捷开发强调与客户保持密切沟通，及时了解客户需求和反馈。这有助于确保项目的方向正确，降低需求变更带来的风险。

2. 精益生产

精益生产是一种旨在降低成本、提高生产效率和质量的生产方法。它起源于丰田生产系统，强调消除浪费、持续改进，以及以客户需求为导向。精益生产的关键实践包括以下内容。

（1）消除浪费。精益生产着力于消除生产过程中的各种浪费，如库存、过度生产、等待时间等。通过减少浪费，企业可以降低成本，提高生产效率。

（2）持续改进。精益生产鼓励企业持续改进生产流程和工艺，以实现更高的生产效率和质量。持续改进体现在对现有流程的不断优化，以及对新技术和方法的积极应用。

（3）以客户需求为导向。精益生产强调以客户需求为导向，关注产品质量和客户满意度。企业应密切关注市场需求，不断优化产品设计和生产工艺，以满足客户期望。

（4）可视化管理。精益生产推崇可视化管理，利用看板等工具实时展示生产过程中的关键信息。可视化管理有助于提高团队协作效率，确保生产过程的透明度和可控性。

（5）拉动式生产。精益生产倡导拉动式生产，即根据实际销售需求进行生产计划和调度。这种生产方式有助于降低库存成本，减少过度生产的风险。

通过运用敏捷开发和精益生产方法，企业可以在研发和生产环节实现高效率、低成本的运作。下面，我们将探讨如何优化供应链管理和物流效率，以进一步推动速度模式在企业发展中的全面实施。

四、优化供应链管理和物流效率

在速度模式下，供应链管理和物流效率对于确保产品快速地从生产线送达客户手中具有关键意义。以下是一些优化供应链管理和物流效率的策略。

1. 强化供应链协同

供应链协同是确保供应链高效运作的基础。企业应与供应商、物流公司、分销商等建立紧密的合作关系，共同应对市场变化，实现供应链的快速响应。

2. 提高供应链透明度

通过数字化技术，企业可以实现对供应链各环节的实时监控，提高供应链透明度。这有助于企业及时发现和解决问题，确保供应链的稳定运作。

3. 灵活的库存管理

企业应采用灵活的库存管理策略，如实施安全库存、采用先进先出原则等，以降低库存成本，提高库存周转率。

4. 优化物流网络

企业应根据市场需求和成本效益，合理设计物流网络，如设置区域性配送中心、采用多种运输方式等。合理的物流网络设计有助于降低物流成本，提高配送速度。

5. 利用数字化和智能化技术

企业应积极采用数字化和智能化技术，如物联网、大数据分析、人工智能等，以提高供应链管理和物流效率。这些技术可以实现对供应链和物流过程的实时监控、智能预测、自动决策等功能，从而提高企业的运营效率。

6. 持续改进

企业应积极推进供应链和物流过程的持续改进，通过定期评估和优化，不断提高供应链管理和物流效率。

通过以上策略，企业可以实现供应链管理和物流效率的优化，进一步加快产品从生产到销售的全过程，实现速度模式的全面落地。接下来，我们将探讨如何快速响应客户服务需求，以提升客户满意度和企业竞争力。

五、快速响应客户服务需求

在速度模式中，快速响应客户服务需求是提升客户满意度和保持竞争优势的关键。以下是一些实现快速响应客户服务需求的方法。

1. 建立多渠道客户服务体系

企业应建立多渠道的客户服务体系，包括电话、在线聊天、社交媒体、邮件等。通过多渠道客户服务，企业可以更快地了解客户需求，提供及时的支持。

2. 提供 24/7 客户支持

为了满足不同地区和时区的客户需求，企业应提供全天候（24/7）的客户支持。这可以通过设置全球客户服务中心或使用虚拟客服助手等技术实现。

3. 优化客户服务流程

企业应审查并优化客户服务流程，确保客户问题能够得到及时解决。这包括建立问题分类和分级系统、简化问题解决流程、提高客服人员的专业水平等。

4. 利用人工智能和自动化技术

企业可以通过人工智能和自动化技术提高客户服务效率。例如，使用聊天机器人解决常见问题，或利用自动化工具提高客户请求处理速度。

5. 定期收集和分析客户反馈

企业应定期收集和分析客户反馈，以了解客户需求和期望，并根据反馈优化产品和服务。这可以通过客户满意度调查、在线评论分析等方式实现。

6. 培训和激励客户服务团队

为了提高客户服务质量，企业应投资于客户服务团队的培训和激励。

通过提高客服人员的技能和积极性，企业可以实现更高效、专业的客户服务。

通过以上方法，企业可以实现快速响应客户服务需求，提升客户满意度，从而在市场竞争中占得先机。在下一部分，我们将通过实际案例分析，进一步探讨速度模式在企业发展中的应用及成效。

六、速度模式的实际案例分析

为了进一步阐述速度模式在企业发展中的应用及成效，以下将列举两个实际案例进行分析。

案例1：亚马逊

作为全球电商巨头，亚马逊在速度模式方面的运用堪称典范。亚马逊采取以下措施，实现了从产品研发、生产、销售到客户服务的全流程优化。

（1）敏捷开发和持续创新。亚马逊坚持敏捷开发，不断推出新功能和服务。同时，公司积极实施持续创新，从 Kindle 阅读器到 AWS 云服务，再到无人机送货，其创新精神令人敬佩。

（2）优化供应链管理。亚马逊通过强化供应链协同、提高供应链透明度以及灵活的库存管理，实现了供应链的高效运作。

（3）高效物流网络。亚马逊通过建立自有物流网络、设立区域性配送中心和采用多种运输方式，实现了快速、准时的配送服务。

（4）快速响应客户服务需求。亚马逊提供全天候（24/7）的多渠道客户服务，并利用人工智能和自动化技术提高客户服务效率。

案例2：特斯拉

作为电动汽车领域的领导者，特斯拉在速度模式方面的应用也值得关注。以下是特斯拉在实施速度模式方面采取的措施。

（1）敏捷研发和快速迭代。特斯拉采用敏捷研发方法，快速响应市场变化和客户需求。公司定期发布软件更新信息，不断优化汽车性能和用户体验。

（2）精益生产。特斯拉借鉴丰田生产系统的精益生产理念，通过消除浪费、持续改进和以客户需求为导向等措施，实现了生产效率和质量的提升。

（3）优化供应链管理。特斯拉与全球供应商建立紧密合作关系，保障了关键零部件的稳定供应。同时，公司通过数字化技术提高供应链透明度，确保供应链的稳定运作。

（4）提升客户服务质量。特斯拉注重客户服务，提供全方位的售前、售中和售后支持。公司通过培训和激励客户服务团队，实现了高效、专业的客户服务。

（5）创新物流和配送方式。特斯拉采用直销模式，通过线上预订和线下体验中心的组合，简化了购车流程。此外，公司还采用创新的物流和配送方式，如定制运输车辆，确保汽车在最短的时间内送达客户手中。

通过以上案例分析，我们可以看到速度模式在亚马逊和特斯拉等企业的成功应用。这些企业通过敏捷研发、精益生产、优化供应链管理、提高物流效率和快速响应客户服务需求等措施，实现了高效、快速的业务运作，从而在激烈的市场竞争中取得优势。

第六章　产品获利

在本章中，我们将探讨产品获利的各种策略和模式。正如美国著名作家、企业家兼演说家扎克·金克拉所说："您可以拥有世界上最好的产品，但如果没有人知道，您只是有个好主意。"

在这一章，我们将深入研究如何通过创新产品设计、定价策略、产品组合和协同效应来提高盈利能力。我们还将探讨专业化、基础产品和行业标准等模式，以及如何运用它们来提升企业核心竞争力，实现市场优势和盈利增长。通过案例分析和名人名言，我们希望建立起一个全面的理解框架，助您在产品战略上取得成功。

第一节　产品金字塔模式

一、产品金字塔模式的概念和原理

1. 产品金字塔模式定义

产品金字塔模式，是一种策略性的产品管理和市场开发方法，它将产品分为不同的层次，以满足不同消费群体的需求。通过分层，企业可以针对各个层次的客户提供相应的产品和服务，从而在市场上实现盈利增长。

2. 金字塔模式的五个层次

产品金字塔模式通常分为五个层次，分别是基础层、经济层、中端层、高端层和尊享层。这五个层次各有特点，旨在满足不同消费水平和需求的客户群体。

3. 层级间的关系

各层级产品之间存在着互补性和协同性，不同层级的产品可以相互吸引和转换消费者，从而实现整体市场份额的提升。同时，企业可以根据市场变化和客户需求进行层级间的产品调整和创新。

4. 产品金字塔模式的优势

产品金字塔模式可以帮助企业更好地细分市场，将产品定位到合适的消费群体，提高产品的市场竞争力。通过多层次产品策略，企业可以实现更高的盈利和市场份额，同时降低市场风险。

5. 产品金字塔模式的运作原理

企业根据市场需求和自身优势，将产品划分为不同层次，针对各个层次的特点制定相应的产品策略。企业需要关注不同层级产品之间的平衡，以确保整体市场份额的提升。此外，企业需要根据市场变化和客户需求进行产品策略的调整和创新，以维持金字塔模式的长期运作。

二、不同层级产品的定位和开发

1. 基础层产品

基础层产品主要满足消费者最基本的需求，以价格实惠和简单功能为主要特点。企业在开发基础层产品时，需关注成本控制和生产效率，确保产品的价格竞争力。

2. 经济层产品

经济层产品在满足消费者基本需求的同时，提供更高性价比和一定的附加价值。企业在开发经济层产品时，应关注产品质量与价格的平衡，以满足消费者对性价比的追求。

3. 中端层产品

中端层产品以功能丰富、性能可靠、设计美观为特点，满足消费者对品质和个性化的需求。企业在开发中端层产品时，需关注产品创新和市场趋势，确保产品具备一定的竞争优势。

4. 高端层产品

高端层产品主要针对高收入和对品质有较高要求的消费者，产品以技术创新、独特设计和卓越品质为特点。企业在开发高端层产品时，需投入较大的研发资源和加大市场营销力度，确保产品在市场上具有强大的吸引力。

5. 尊享层产品

尊享层产品针对极具消费能力和对品质有极高要求的消费者，产品以奢华、定制化和独特体验为特点。企业在开发尊享层产品时，需关注个性化定制和尊贵体验的打造，同时加强品牌形象的塑造和维护。

6. 不同层级产品开发的策略和注意事项

企业在开发不同层级的产品时，需要关注目标消费群体的需求和消费习惯，确保产品与市场的匹配度。同时，企业需关注不同层级产品之间的协调和互补，避免产品同质化和内部竞争。最后，企业需关注产品创新和市场变化，持续优化产品策略以适应市场的发展。

三、通过金字塔模式实现盈利增长

1. 多层次市场覆盖

通过产品金字塔模式，企业可以覆盖不同消费群体，满足多样化的市场需求。这有助于企业扩大市场份额，提高盈利能力。

2. 产品升级与消费者转换

企业可以通过金字塔模式引导消费者从低层次产品升级至高层次产品，从而实现更高的盈利。同时，企业可以通过提供不同层次的产品，吸引各个层次的消费者，并在一定程度上实现消费者的互相转换。

3. 降低市场风险

产品金字塔模式通过多层次产品策略，降低了企业对单一产品线的依赖，使企业在面对市场波动时具有更强的抗风险能力。

4. 增强品牌影响力

通过提供不同层次的产品，企业可以树立多元化的品牌形象，吸引更多消费者关注，从而提高品牌影响力和市场竞争力。

5. 利用价格歧视策略

企业可以根据不同层次的产品为不同消费群体设定不同的价格，利用价格歧视策略实现更高的盈利。

四、适用行业和实际案例分析

1. 适用行业

产品金字塔模式广泛适用于各个行业，例如消费电子、汽车、服装、家居等。不同行业的企业可以根据自身特点和市场需求，采用金字塔模式进行产品策略调整。

2. 实际案例分析

案例 1：宝马汽车

推出了多个系列的汽车产品，包括入门级的 1 系、中高端的 3 系和 5 系，以及高端豪华的 7 系和 8 系。通过这种分层策略，宝马汽车覆盖了不同消费群体，提高了品牌影响力和市场竞争力。

案例 2：宜家家居

提供了多个层次的家居产品，满足了不同消费群体的需求。从经济实惠的入门级产品到设计独特的高端系列，宜家家居通过产品金字塔模式成功吸引了各个层次的消费者，实现了持续的市场扩张和盈利增长。

案例 3：索尼公司

在消费电子领域运用产品金字塔模式，推出了不同层次的产品线。例如在电视产品中，索尼从入门级的 4K 电视到高端的 8K 电视，覆盖了不同消费群体的需求，提高了品牌竞争力和市场份额。

案例 4：路易斯威登

一个以高端奢侈品为主的品牌，但在金字塔模式下，它也涵盖了不同层次的产品线。从相对实惠的钱包和配饰到定制化的高端手袋和皮具，路易斯威登通过多层次产品策略，成功吸引了不同消费群体，进一步巩固了其市场地位。

第二节　创新产品设计与定价策略

一、创新产品设计的重要性

创新产品设计是企业成功的重要因素之一。在竞争激烈的市场中，只有不断地创新，企业才能保持领先地位，吸引更多的客户并获得更高的利润。

创新产品设计可以帮助企业满足客户需求并提供独特的价值。在设计过程中，企业应该关注客户的需求和意愿，以此为基础来构思和开发产品。同时，创新产品设计也可以帮助企业区分自己与其他竞争对手，为自己的品牌和形象赢得更多的认可度和好感度。

除了帮助企业赢得市场份额和提高品牌价值，创新产品设计还可以带来其他的好处。例如，通过创新设计，企业可以减少生产成本，提高产品质量和效率，降低客户抱怨和退款的可能性。此外，创新产品设计还可以帮助企业开拓新市场，扩大业务范围，提高企业的可持续发展性。

总之，创新产品设计是企业成功的必要因素。只有不断地创新，企业才能在竞争激烈的市场中脱颖而出，并赢得客户和市场的青睐。

二、产品开发过程中的创新实践

产品开发过程中的创新实践是实现创新产品设计的关键步骤。以下是一些常见的创新实践。

1.用户研究

了解客户的需求和"痛点"是创新产品设计的关键。通过与客户交流和观察客户的行为，企业可以获得有关客户需求和市场趋势的有价值信息。这些信息可以帮助企业开发满足客户需求的产品。

2.设计思维

设计思维是一种以用户为中心的方法，旨在解决实际问题并创造创新解决方案。通过设计思维，企业可以快速原型化和测试不同的产品概念，以便提前发现问题和缺陷，进而改进产品设计。

3.技术创新

技术创新是产品创新的重要推动力。企业可以通过不断研究和开发新技术，将其应用于产品设计中，提高产品性能和功能。例如，智能手机就是一个结合了许多新技术的创新产品。

4.合作伙伴关系

合作伙伴关系可以帮助企业扩大创新产品设计的想象空间。与供应商、客户、大学和研究机构等合作伙伴合作，可以帮助企业获得更多的资源和知识，以支持产品开发。

在实践创新产品设计的过程中，企业应该持续关注市场和客户的反馈，并不断改进和调整产品设计。此外，企业应该注重保护自己的知识产权，以避免其他竞争对手复制自己的产品设计。

三、定价策略的选择与实施

定价策略是企业推出新产品时必不可少的一环。以下是几种常见的定价策略。

1. 市场导向定价

市场导向定价是根据市场需求和竞争情况来制定定价策略的一种方法。企业需要了解市场需求和竞争对手的定价策略，以制定一个合理的价格来吸引客户并在市场中获得竞争优势。

2. 成本加成定价

成本加成定价是根据产品成本加上所需的利润率来确定产品价格的一种方法。这种定价策略适用于企业成本结构相对稳定的情况。

3. 折扣定价

折扣定价是一种促销策略，通过给予客户折扣来刺激销售。这种定价策略通常在节假日或特殊促销活动中使用。

4. 定制定价

定制定价是根据客户的需求和要求来制定个性化定价的一种方法。这种定价策略通常在定制产品和服务的领域使用。

在选择定价策略时，企业应该考虑多种因素，例如市场需求、竞争情况、产品成本和利润率等。此外，企业还应该持续监控市场变化，并根据市场情况和客户反馈来调整定价策略。

在实施定价策略时，企业需要注意以下三点。

1. 定价要合理

企业应该根据产品的价值和市场需求来确定价格，避免过高或过低的定价，以确保产品的竞争力和利润率。

2. 定价要透明

企业应该让客户了解产品的定价原则和计算方法，以建立客户对企业的信任和忠诚。

3. 定价要灵活

企业应该根据市场变化和客户反馈来调整定价策略，以确保产品的市场竞争力。

总之，定价策略是企业推出新产品时必不可少的一环。通过选择合适的定价策略，并持续监控市场变化和客户反馈，企业可以制定一个合理的价格，从而在市场中获得竞争优势和利润。

四、创新产品设计与定价策略的实际案例分析

以下是创新产品设计与定价策略的实际案例。

（1）Netflix 的视频流媒体服务。Netflix 是一家提供视频流媒体服务的企业，通过技术创新和成本加成定价策略，推出了一个具有竞争力的服务。Netflix 通过独特的内容库和个性化推荐系统来吸引客户，通过提供不同的订阅计划来满足不同客户的需求，并通过不断的内容更新来保持竞争优势。

（2）亚马逊的 Kindle 电子阅读器。亚马逊在 2007 年推出了 Kindle 电子阅读器，这是一款结合了电子书和互联网功能的创新产品。亚马逊通过市场导向定价和折扣定价策略，制定了一个较低的价格来吸引更多的客户，并通过技术创新和内容库扩展来不断提升产品竞争力。

以上案例表明，创新产品设计和定价策略是企业成功的重要因素之一。通过不断的创新和精准的定价策略，企业可以获得市场优势，提高品牌价值，并获得更高的利润。

第三节　产品组合与协同效应

一、产品组合策略的原理和优势

1. 产品组合策略的定义

产品组合策略，是指企业根据市场需求、竞争态势和企业资源，对各类产品进行有针对性的组合和配置，从而实现企业目标的一种策略方法。

2. 产品组合策略的原理

（1）通过对市场细分和产品差异化，满足不同消费者群体的需求，实现产品组合的优化。

（2）利用企业资源整合，降低生产成本，提高经营效益。

（3）结合市场动态调整产品组合，保持企业的竞争力。

3. 产品组合策略的优势

（1）增加市场份额。通过拓宽产品线，覆盖不同消费群体，吸引更多客户，从而提高企业在市场的份额。

（2）降低风险。多样化的产品组合可以降低企业因某一产品市场表现不佳而造成的整体风险。

（3）提高企业竞争力。通过产品组合策略，企业可以实现产品线的优化，增强产品的竞争力，提升企业在市场中的地位。

（4）提高盈利水平。产品组合策略有助于企业提高产品附加值，从而增加产品利润。

4. 产品组合策略的关键因素

（1）市场细分和定位。根据目标市场的需求特点，合理划分产品线。

（2）产品差异化。突出产品的核心竞争力，提供有针对性的产品和服务。

（3）资源整合。整合内外部资源，提高生产效率和降低成本。

（4）市场动态跟踪。紧跟市场变化，实时调整产品组合策略。

通过以上阐述，我们对产品组合策略的原理和优势有了一定的了解，接下来，我们将探讨产品线拓展和优化的方法。

二、产品线拓展和优化

1. 产品线拓展的概念与目的

产品线拓展，是指企业在现有产品基础上，增加新产品或衍生产品，以满足市场的多样化需求。产品线拓展旨在提高市场占有率，实现企业的可持续发展。

2. 产品线拓展的方法

（1）增加产品品种和款式。根据消费者需求和市场趋势，开发新的产品品种和款式，以满足不同客户的需求。

（2）拓展产品功能。在现有产品基础上增加新功能，提升产品附加值，吸引更多客户。

（3）延伸产品系列。将现有产品进行系列化延伸，形成完整的产品系列，提高产品线的丰富度。

3. 产品线优化

（1）产品定位与市场细分。根据目标市场的特点，进行准确的产品定位，满足不同消费者群体的需求。

（2）产品生命周期管理。针对产品在不同生命周期阶段的特点，采取相应的市场策略，优化产品结构，实现产品线的持续更新。

（3）产品组合平衡。在保持产品线丰富度的同时，合理配置不同产品的比例，实现产品组合的平衡。

4. 产品线拓展和优化的注意事项

（1）资源投入与收益权衡。在产品线拓展和优化过程中，要权衡资源投入与收益，确保企业的利益最大化。

（2）保持品牌特色与价值。在拓展产品线的过程中，要注重保持品牌特色和价值，避免过度拓展导致品牌形象的稀释。

（3）监控市场动态。要密切关注市场动态，适时调整产品线，以应对市场变化。

通过以上内容，我们对产品线拓展和优化有了一定的认识。接下来，我们将探讨如何利用协同效应提高盈利能力。

三、利用协同效应提高盈利能力

1. 协同效应的定义

协同效应，是指企业在生产、销售、研发等各个环节中，通过内部或外部资源的整合与优化，实现各部门、产品之间的协同作用，从而提高整体效益和盈利能力。

2. 协同效应的表现形式

（1）生产协同。通过整合企业内部的生产资源，优化生产流程，提高生产效率，降低生产成本。

（2）销售协同。通过整合销售渠道，优化销售策略，实现多个产品的销售互补，提高整体销售业绩。

（3）研发协同。通过整合研发资源，共享研发成果，提高研发效率，降低研发成本。

（4）采购协同。通过整合采购资源，实现采购规模经济，降低采购成本。

3. 利用协同效应提高盈利能力的策略

（1）优化资源配置。对企业内部资源进行合理配置，提高资源利用效率，降低成本。

（2）拓展合作伙伴关系。与上下游合作伙伴建立紧密的战略合作关系，实现资源共享，降低整体成本。

（3）提高产品附加值。通过产品创新和差异化策略，提高产品附加值，实现更高的利润空间。

（4）强化企业文化建设。强化企业文化建设，提高员工的归属感和积极性，增强内部协同作用，提高整体运营效率。

（5）建立有效的激励机制。设计合理的激励机制，激发员工的积极性和创造力，提高企业的整体绩效。

（6）强化信息系统建设。建立健全的信息系统，实现信息的有效传递和共享，提高企业各部门之间的协同作用。

4. 利用协同效应提高盈利能力的挑战与应对措施

（1）组织结构调整。企业在实现协同效应的过程中，可能需要调整组织结构，优化管理层级，以提高组织效率。

（2）抵制内部利益阻碍。要克服内部各部门之间的利益冲突，实现资源共享和协同作用。

（3）培养企业创新能力。企业要注重培养创新能力，以适应不断变化的市场环境，确保协同效应的持续发挥。

通过以上内容，我们对如何利用协同效应提高盈利能力有了一定的了解。接下来，我们将通过实际案例分析来进一步探讨产品组合与协同效应。

四、产品组合与协同效应的实际案例分析

案例 1：苹果公司

（1）产品组合策略。

苹果公司拥有多样化的产品组合，包括 iPhone、iPad、Mac、Apple Watch 等，以满足不同消费者群体的需求。

（2）协同效应。

苹果公司通过生产、销售和研发的协同，实现了各产品线的互补和整体效益的提升。例如，iOS 系统的统一性使得各设备之间具有良好的兼容性，为用户提供了卓越的用户体验。

案例 2：宝洁公司

（1）产品组合策略。

宝洁公司旗下拥有多个品牌，涵盖日用消费品、个护化妆品等多个领域，通过产品线的拓展满足不同消费者需求。

（2）协同效应。

宝洁公司在全球范围内实现了采购、生产、销售等方面的协同作用，降低了成本，提高了市场竞争力。例如，宝洁公司通过全球采购平台实现了原材料的统一采购，降低了采购成本。

案例 3：亚马逊

（1）产品组合策略。

亚马逊除了拥有庞大的电子商务平台外，还提供云计算服务、数字内容服务等多种业务，形成了丰富的产品组合。

（2）协同效应。

亚马逊通过各业务之间的协同，实现了整体效益的提升。例如，亚马逊的云计算服务（AWS）为其电子商务平台提供了强大的技术支持，而电子商务平台的数据又为 AWS 提供了宝贵的客户信息。

通过以上三个案例，我们可以看出，不同行业的企业都可以通过产品组合策略和协同效应实现盈利能力的提升。企业应根据自身的市场定位、资源状况以及发展战略，制定合适的产品组合策略，同时注重协同效应的发挥，以实现可持续发展。

第四节　利润乘数模式

一、利润乘数模式的概念和原理

1. 利润乘数模式定义

利润乘数模式是一种以提高企业利润为核心目标的商业战略，通过优化和整合企业的各项资源，从而在增加客户数量、提高客户购买频率、增加单次消费金额以及开发附加产品和服务等多个方面来实现盈利目标。

2. 利润乘数模式的三大关键要素

（1）增加客户数量。通过市场推广和广告策略，拓展客户群体，提高市场占有率。

（2）提高客户购买频率。通过优化客户体验和满足客户需求，提高客户对企业产品和服务的忠诚度和满意度，从而提高客户的购买频率。

（3）增加单次消费金额。通过产品组合策略，提供多样化的产品和服务，激发客户购买欲望，使客户在单次消费中愿意购买更多的产品和服务。

3. 利润乘数模式的运作原理

利润乘数模式通过系统性地整合企业的各项资源，通过增加客户数量、提高客户购买频率、增加单次消费金额等多个方面来实现企业利润的倍增。这一模式在实际运用中需要企业根据自身特点和市场环境进行灵活调整，以实现更高效的运作。

4. 利润乘数模式与传统盈利模式的区别

与传统盈利模式相比，利润乘数模式更注重全面提升企业的盈利能力，而非仅依赖某一项业务。它强调企业资源的整合和优化，以实现多方面的盈利增长。此外，利润乘数模式更注重客户需求的满足和客户体验的优化，有助于提高企业的品牌形象和客户忠诚度。

二、增值服务与附加产品的开发

1. 增值服务的概念

增值服务是指企业在其主要产品或服务的基础上，提供额外的附加服务，以满足客户更多的需求，提高客户满意度和忠诚度，从而带来更高的盈利。

2. 增值服务的类型

（1）个性化定制服务。根据客户的特殊需求，提供个性化的定制服务，以满足客户的独特需求。

（2）售后服务。提供高品质的售后服务，解决客户在购买产品后可能遇到的问题，提高客户满意度。

（3）会员服务。为客户提供会员优惠、积分奖励等特权，增强客户与企业的联系，提高客户的购买频率。

3. 附加产品的概念

附加产品是指与企业主要产品或服务相关的额外产品，旨在为客户提供更完整的解决方案，提高客户的购买体验，从而增加单次消费金额。

4. 附加产品的开发策略

（1）市场调研。深入了解客户需求和行业趋势，为附加产品的开发提供有力的数据支持。

（2）产品设计。根据市场调研结果，设计出具有竞争力的附加产品，以满足客户的需求。

（3）产品组合。将附加产品与主要产品或服务相结合，形成有吸引力的产品组合，激发客户的购买欲望。

5. 增值服务与附加产品在利润乘数模式中的作用

增值服务与附加产品在利润乘数模式中起到关键作用，它们有助于提高客户的购买频率和单次消费金额，从而实现企业利润的增长。通过提供增值服务和附加产品，企业可以满足客户多样化的需求，增强客户忠诚度，提高市场竞争力。同时，这也有助于企业拓展业务范围，实现业务的多元化发展。

三、提高客户购买频率和单次消费金额

1. 提高客户购买频率的策略

（1）优化客户体验。提供高品质的产品和服务，关注客户需求，提高客户满意度，从而促使客户更频繁地进行购买。

（2）营销活动。通过定期举办促销活动、限时优惠等营销手段，激发

客户购买欲望，提高客户购买频率。

（3）会员制度。推行会员制度，提供会员专属优惠和积分奖励，增强客户对企业的忠诚度，促使客户更频繁地购买。

2. 提高单次消费金额的策略

（1）产品组合。通过提供多样化的产品组合，满足客户不同的需求，激发客户购买更多产品和服务，从而提高单次消费金额。

（2）促销策略。采用搭配销售、满额赠品等促销策略，引导客户购买更多产品，提高单次消费金额。

（3）高附加值产品。开发具有高附加值的产品，提高客户的购买体验，使客户愿意为更高品质的产品支付更多费用。

3. 客户关系管理在提高购买频率和单次消费金额中的作用

（1）客户数据分析。通过分析客户数据，了解客户需求和购买行为，为提高购买频率和单次消费金额制定有针对性的策略。

（2）客户沟通。保持与客户的有效沟通，及时了解客户需求，为客户提供个性化服务，提高客户满意度和忠诚度。

（3）客户满意度调查。定期进行客户满意度调查，了解客户对企业产品和服务的评价，及时调整策略，提高客户购买频率和单次消费金额。

4. 提高客户购买频率和单次消费金额在利润乘数模式中的重要性

提高客户购买频率和单次消费金额是利润乘数模式的核心要素之一，对于实现企业利润增长具有关键作用。通过采取有效的策略，企业可以在保持客户数量的基础上，提高每位客户为企业带来的盈利，从而实现利润的倍增。同时，这也有助于企业提升品牌形象，巩固市场地位。

四、利润乘数模式的实际案例分析

案例 1：某电子产品零售商

背景：该零售商面临市场竞争加剧，利润增长乏力的问题。

实施策略：采用利润乘数模式，提高客户购买频率，开发附加产品与增值服务。

效果：客户购买频率提高，单次消费金额增加，企业利润实现显著增长。

案例 2：某餐饮连锁企业

背景：餐饮企业面临市场饱和、传统盈利模式难以为继的挑战。

实施策略：运用利润乘数模式，推出会员制度，增加客户数量和购买频率，开发特色菜品提高单次消费金额。

效果：客户数量和购买频率显著提高，单次消费金额增加，企业利润大幅提升。

案例 3：某健身房品牌

背景：健身房市场竞争激烈，如何提高客户留存和盈利能力成为关键。

实施策略：利用利润乘数模式，优化客户体验，提供个性化私教服务、健身课程和增值服务，提高客户购买频率和单次消费金额。

效果：客户满意度和忠诚度大幅提升，购买频率提升和单次消费金额增长，企业利润实现明显增长。

案例 4：某家居用品公司

背景：面对竞争对手的挑战，该家居用品公司寻求新的盈利模式。

实施策略：运用利润乘数模式，开发一系列附加产品，如家居饰品、家纺等，提高客户单次消费金额，同时优化客户体验，提高购买频率。

效果：客户购买家居用品时更倾向于"一站式"购买，单次消费金额大幅增加，客户购买频率提升，企业利润显著提高。

以上案例均表明，运用利润乘数模式，企业可以通过提高客户购买频率、增加单次消费金额、开发附加产品和增值服务等多个方面实现利润的增长。在不同行业和市场环境中，企业需要根据自身特点和客户需求，灵活运用利润乘数模式，实现业务发展和盈利目标。从这些案例中可以看出，利润乘数模式对于提高客户满意度、增强客户忠诚度以及提高企业市场竞争力具有重要作用，有助于企业实现长期稳定的发展。

第五节 专业化模式

一、专业化模式的概念和优势

1. 专业化模式的定义

专业化模式是一种企业战略，它指的是公司通过专注于某一特定行业、领域或产品，以提高其核心竞争力，从而在市场中脱颖而出。这种模式旨在提高企业运营效率，降低成本，提高利润率，并在竞争激烈的市场环境中取得优势。

2. 专业化模式的优势

（1）高度专业化的知识和技能。施行专业化模式的企业通常具有深入的专业知识和技能，可以为客户提供卓越的产品和服务。在这种模式下，企业可以快速适应市场变化，提高创新能力和应对挑战的能力。

（2）专注于细分市场。施行专业化模式的企业通常针对细分市场运作，这有助于公司更好地了解和满足客户需求，进一步提高客户满意度。这也使得企业更容易在特定市场中建立品牌知名度，从而取得市场份额。

（3）降低成本和提高效率。由于专业化模式企业专注于某一特定领域，公司可以通过规模经济和学习曲线效应来降低成本。此外，这种模式还有助于企业在生产、研发和市场推广等方面提高效率。

（4）提高抗风险能力。施行专业化模式的企业往往具有较强的抗风险能力，因为它们对所服务的市场有深入的了解，能够更好地预测和应对市场变化。此外，专业化企业在应对竞争对手时通常拥有更强的竞争优势，有助于确保公司在不断变化的市场环境中保持领先地位。

3. 专业化模式与多元化模式的比较

虽然专业化模式具有一定的优势，但在实际运营中，企业需要权衡专业化和多元化的战略选择。专业化模式适用于在特定领域寻求发展和竞争优势的企业，而多元化模式更适合于追求业务组合和风险分散的公司。因此，企业应根据自身情况和市场环境来选择适合的战略路径。

二、深入细分市场和客户需求

1. 了解细分市场

为了在专业化模式下取得成功，企业需要深入了解所针对的细分市场。这包括分析市场规模、增长潜力、市场趋势和竞争格局等方面。通过对细分市场的深入分析，企业可以发现市场中的机会和潜在挑战，为制定战略提供依据。

2. 深入挖掘客户需求

了解客户需求是专业化模式的关键。企业需要深入了解目标客户的需求、"痛点"和期望，以便提供切实符合他们需求的产品和服务。这可以通过市场调查、客户访谈、数据分析等手段来实现。

3. 与客户建立紧密联系

在专业化模式下，企业需要与客户建立紧密的联系，以便更好地了解他们的需求并提供优质的服务。这可以通过定期与客户互动、收集客户反馈和提供个性化服务等方式实现。紧密的客户关系有助于提高客户忠诚度，从而提高企业在市场中的竞争力。

三、提升企业核心竞争力

1. 投资研发和创新

为了在专业化领域保持竞争优势，企业需要不断投资于研发和创新。这包括开发新产品、优化现有产品和引入新技术等。通过研发和创新，企业可以满足客户不断变化的需求，并在市场中保持领先地位。

2. 强化品牌形象和价值

专业化模式的企业应致力于打造强大的品牌形象和价值。品牌形象可以通过高质量的产品和服务、有效的营销策略和良好的口碑等手段来提升。一个强大的品牌能够提高客户认可度和忠诚度，从而增加市场份额。

3. 建立优质的供应链和合作伙伴关系

为了确保产品质量和降低成本，企业需要建立优质的供应链和与合作伙伴保持良好关系。通过与可靠的供应商和合作伙伴合作，企业可以确保原材料和生产过程的质量，提高生产效率，降低成本，并更好地满足客户需求。

四、专业化模式的实际案例分析

案例1：某电子产品公司

该公司是一家典型的专业化模式企业，它主要专注于消费电子产品的研发和销售。通过精益求精的产品设计、创新技术和卓越的用户体验，该公司成功地在竞争激烈的市场中脱颖而出，成为著名品牌。

案例2：某家居生产企业

作为一家专注于家居市场的企业，通过提供设计独特、价格适中且易于组装的家居用品，吸引了大量消费者。该企业不仅在产品设计和质量上展示了专业化，还通过有效的供应链管理和创新的营销策略，实现了快速的国际扩张。

专业化模式可以帮助企业在特定领域脱颖而出，通过深入了解细分市场和客户需求，提升核心竞争力。然而，企业在实际运营中应权衡专业化与多元化的战略选择，根据自身情况和市场环境制定合适的发展方向。同时，企业需不断进行研发和创新，强化品牌形象，以及建立优质的供应链和合作伙伴关系，以确保在专业化模式下取得成功。

第六节　基础产品模式

一、基础产品模式的概念和原理

1. 基础产品模式的定义

基础产品模式，是一种以简化产品设计、降低成本和高效运营为核心策略的商业模式。这种模式旨在提供性价比高、功能实用且易于使用的基础产品或服务，从而满足大部分客户的需求。这种方法对于企业成功和盈利增长至关重要，因为它可以帮助企业在竞争激烈的市场中占据优势地位，并为客户提供更好的价值。

2. 原理和核心策略

基础产品模式背后的原理是通过创新、降低成本和提高效率来实现竞争优势。以下是实现基础产品模式的一些核心策略。

（1）简化产品设计。通过精简产品功能，仅保留用户最关心的核心特点，以减少复杂性、降低开发和生产成本。

（2）降低生产成本。通过采用低成本原材料、优化生产流程、实现规模化生产等方式，降低生产成本。

（3）高效运营。优化供应链管理、库存管理、销售渠道和客户支持，降低运营成本并提高服务质量。

（4）价格策略。以竞争力强的价格策略吸引客户，增加市场份额。

3. 基础产品模式与其他商业模式的区别

基础产品模式与其他商业模式有一定的区别，主要表现在以下方面。

（1）产品设计。基础产品模式注重简化产品设计，使产品易于理解和使用，而其他商业模式可能关注多样化功能和定制化。

（2）成本控制。基础产品模式侧重于降低成本以实现价格优势，而其他商业模式可能关注提高产品质量和独特性，甚至愿意为此付出更高的成本。

（3）客户定位。基础产品模式主要面向大众市场，以满足广泛客户的需求；其他商业模式可能针对特定客户群体，提供高度定制化的解决方案。

（4）价值主张。基础产品模式主张提供性价比高的产品或服务，注重实用性和易用性；其他模式可能更关注产品的独特性、创新性或高端定位。

总之，基础产品模式是一种简化、降低成本和高效运营为核心的商业模式，其目标是提供具有竞争力的、性价比高的产品和服务。企业通过实施这种模式，可以在激烈的市场竞争中脱颖而出，满足广泛客户的需求，从而实现盈利增长和市场份额扩张。实践证明，许多成功的企业已经采用了基础产品模式，并取得了显著的商业成果。在后续部分，我们将深入讨论如何通过以成本优势实现盈利增长、产品简化和高效运营，以及基础产品模式的实际案例分析。这些内容将为企业提供宝贵的经验和启示，帮助企业制定更有效的商业策略，实现可持续发展和成功。

二、以成本优势实现盈利增长

基础产品模式的核心是以成本优势为基础来实现盈利增长。具体来说，这种模式通过降低产品的制造成本和运营成本，来提高产品的利润率。成本优势可以通过多种方式实现，比如采用先进的生产工艺、拥有独特的供应链优势、实现规模经济等。

其中，实现规模经济是基础产品模式最为重要的一部分。规模经济是指随着产品生产数量的增加，单位成本逐渐降低的现象。因此，在基础产品模式中，企业需要通过提高生产效率和降低制造成本，来实现规模经济效应。同时，企业还需要通过优化供应链和运营流程，来进一步降低产品的总体成本。

成本优势的实现可以带来多重好处。首先，降低产品成本可以提高产品的利润率，从而增强企业的盈利能力。其次，较低的产品价格可以吸引更多的消费者，从而扩大市场份额。最后，通过成本优势的实现，企业可以在竞争中占据更有利的地位，从而进一步巩固自身的市场地位。

综上所述，以成本优势为基础的基础产品模式是企业实现盈利增长的有效途径。通过实现规模经济、优化供应链和运营流程等措施，企业可以实现成本优势，并在市场竞争中获得更大的优势。

三、产品简化和高效运营

在基础产品模式中，产品简化和高效运营也是非常重要的一部分。产品简化可以帮助企业降低产品制造成本和运营成本，同时也可以提高产品的易用性和用户体验。高效运营则可以帮助企业进一步降低运营成本和提高效率，从而增强企业的盈利能力。

产品简化的关键是要在产品设计阶段就考虑到成本和用户需求。企业需要从用户需求和实际使用情况出发，设计出简单易用、功能齐全的产品。同时，企业还需要通过材料选型、工艺优化等措施，来降低产品制造成本。例如，苹果公司的 iPhone 在设计上非常简单，但其优良的用户体验和高品质的材料选择，使其成为市场上最畅销的手机之一。

高效运营是指企业在生产、供应链、物流、销售等方面实现高效率、低成本的管理模式。企业可以通过优化生产流程、加强供应链管理、减少库存等措施，来提高运营效率和降低运营成本。例如，日本的丰田汽车公司在生产上采用了精益生产模式，大幅提高了生产效率和质量。

高效运营不仅可以帮助企业降低成本，还可以提高企业对市场变化的反应能力。在快速变化的市场环境下，企业需要具备快速反应的能力，以便能够及时应对市场变化和竞争压力。

综上所述，产品简化和高效运营是基础产品模式中不可或缺的一部分。通过产品简化和高效运营，企业可以降低产品成本和运营成本，提高产品质量和用户体验，进一步增强企业的市场竞争力和盈利能力。

四、基础产品模式的实际案例分析

基础产品模式已经在多个行业得到了广泛的应用，例如电子产品、汽车、快速消费品等领域。以下是成功的实际案例分析。

案例1：丰田汽车公司

丰田汽车公司一直以来都在汽车制造领域中占据着领先地位。丰田汽车公司采用精益生产模式来提高生产效率和质量，同时通过优化供应链和物流管理，来降低成本和提高效率。丰田汽车公司的基础产品模式成功，使得其成为全球最大的汽车制造商之一。

案例2：海尔集团

海尔集团是中国家电制造领域的领军企业之一。海尔集团在产品设计上注重用户需求和易用性，同时采用先进的生产工艺和材料选择，来降低制造成本和提高产品质量。海尔集团还通过优化供应链和物流管理，来实现高效运营和降低成本。海尔集团的基础产品模式成功，使得其成为中国家电制造领域的领军企业之一。

综上所述，基础产品模式已经在多个行业中得到了广泛的应用，并且在丰田汽车公司、海尔集团等企业中得到了成功的应用。通过降低成本、提高产品质量和用户体验，这些企业实现了盈利增长和市场竞争力的提升。

第七节　行业标准模式

一、行业标准模式的概念和优势

行业标准模式，是指在一个特定领域或行业内，经过一定的协商和制定，形成的一套共同遵循的规范和标准。这些标准通常涵盖了产品设计、制造、测试和质量控制等方面，旨在提高产品的质量和性能，促进整个行业的发展。

行业标准模式有很多优势。首先，标准化可以提高生产效率，减少资源浪费，降低成本，从而提高企业的盈利能力。其次，标准化可以加强产品质量的可控性，提高产品的一致性和稳定性，从而提升产品的竞争力。最后，标准化可以促进技术的创新和进步，推动整个行业的发展和升级。

在实践中，如何塑造行业标准和技术领导地位，是关键的一步。首先，要积极参与制定和修改行业标准，通过技术创新和实践经验不断完善标准体系。其次，要加强技术研发和人才培养，提高企业的技术实力和市场竞争力。最后，要注重与其他企业和机构的合作和交流，共同推动行业的发展和进步。

通过行业标准模式，企业可以实现市场优势。标准化的产品可以提高客户对产品的信任和满意度，增加产品销量和市场份额。此外，标准化的产品可以降低企业的生产成本，提高利润率，增强企业的经济实力和市场竞争力。

举例来说，ISO9000 质量管理体系标准在全球范围内得到了广泛应用，帮助企业提高质量管理水平，提高产品质量和客户满意度。另外，蓝牙、USB 等通信和连接标准也成了消费电子领域的标准化技术，促进了不同厂商之间的互联互通和产品的兼容性。

二、塑造行业标准和技术领导地位

要塑造行业标准和技术领导地位，企业需要积极参与制定和修改行业标准，并推动标准的普及和执行。具体来说，企业可以从以下四个方面入手。

（1）企业需要了解行业标准和技术趋势。通过参加行业协会、展览会、研讨会等活动，了解最新的标准和技术动态，掌握市场发展趋势和行业竞争格局。

（2）企业需要加强技术研发和人才培养。投入足够的研发资源，不断推陈出新，研发符合标准的新产品，提高企业的技术实力。同时，企业还需要注重人才培养，吸引和培养高素质的技术人才，为企业的技术领导地位打下坚实的基础。

（3）企业需要加强与其他企业和机构之间的合作与交流，共同推动行业的发展和进步。通过合作开发新技术和产品，共享资源和技术，提高整个行业的水平和竞争力。

（4）企业需要提高标准的执行力。标准的制定和执行需要全员参与和支持，企业需要制定相应的标准操作规程和流程，明确各岗位职责和工作要求，推广标准化理念，加强培训和考核，确保标准的有效执行。

通过上述措施，企业可以逐步塑造行业标准和技术领导地位。

三、通过行业标准实现市场优势

通过行业标准模式，企业可以实现市场优势。标准化的产品可以提高客户对产品的信任和满意度，增加产品销量和市场份额。具体来说，行业标准模式可以带来以下四个方面的市场优势。

（1）标准化的产品可以提高客户信任度和满意度。标准化的产品可以确保产品的一致性和稳定性，提高产品的质量和性能。客户在购买产品时，更倾向于选择标准化产品，因为他们可以信任这些产品的质量和性能，减少购买风险。此外，标准化的产品可以提高售后服务的效率和质量，增强客户的满意度。

（2）标准化的产品可以增加销量和市场份额。标准化的产品可以提高生产效率和生产能力，降低生产成本，使产品价格更具竞争力。此外，标准化的产品可以满足不同客户的需求，扩大产品的市场覆盖范围，增加销售量和市场份额。

（3）标准化的产品可以降低生产成本，提高利润率。标准化的产品可以降低生产成本，减少资源浪费，提高生产效率，从而提高企业的利润率。此外，标准化的产品可以降低售后服务成本，增加售后服务的效率和质量，进一步提高企业的利润率。

（4）标准化的产品可以增强企业的市场竞争力和经济实力。标准化的产品可以提高产品的质量和性能，增强客户对企业的信任和忠诚度，从而增强企业的市场竞争力和经济实力。此外，标准化的产品可以降低生产成本和售后服务成本，提高企业的利润率和资金回报率，进一步增强企业的经济实力。

总之，通过行业标准模式，企业可以实现市场优势，提高产品的质量和性能，降低生产成本，增加销售量和市场份额，增强企业的市场竞争力和经济实力。

四、行业标准模式的实际案例分析

通过一些实际案例的分析，可以更好地理解行业标准模式的实际应用和效果。

1. ISO9000 质量管理体系标准

ISO9000 质量管理体系标准是一套全球通用的质量管理体系标准，广泛应用于各种行业和领域。通过 ISO9000 认证，企业可以证明其具有一套完整的质量管理体系，能够不断改进产品的质量和服务。ISO9000 质量管理体系标准的应用，可以带来以下三个方面的效果。

（1）ISO9000 认证可以提高客户对企业的信任和满意度。客户在购买企业的产品时，可以信任这些产品的质量和性能，提高客户的满意度。

（2）ISO9000 认证可以提高企业的生产效率和管理水平。通过 ISO9000 认证，企业需要建立一套完整的质量管理体系，规范企业的生产和管理流程，提高生产效率和管理水平。

（3）ISO9000 认证可以带来市场竞争优势。通过 ISO9000 认证，企业可以提高产品的质量和服务水平，增强客户对企业的信任和忠诚度，提高市场竞争力和市场份额。

2. USB 通信标准

USB 通信标准是一种通用的计算机外设接口标准，广泛应用于计算机和其他电子设备的连接和数据传输。USB 通信标准的应用，可以带来以下三个方面的效果。

（1）USB 通信标准可以促进不同厂商之间的互联互通。USB 通信标准可以确保不同厂商的计算机和设备可以连接和通信，提高设备的兼容性和互操作性，方便用户的使用和管理。

（2）USB 通信标准可以提高设备的易用性和便携性。USB 接口可以连接多种不同的设备，方便用户的使用和管理。此外，USB 接口的小型化和轻量化，使得设备更加便携和易用。

（3）USB 通信标准可以促进设备的创新和发展。USB 通信标准可以为设备提供更快、更稳定和更安全的数据传输和连接方式，激发设备厂商的创新热情，推动设备的发展和进步。

3. 蓝牙通信标准

蓝牙通信标准是一种无线通信技术标准，广泛应用于各种移动设备和电子产品中。蓝牙通信标准的应用，可以带来以下三个方面的效果。

（1）蓝牙通信标准可以促进设备之间的无线连接。蓝牙通信标准可以为不同的设备提供无线连接和通信功能，方便用户的使用和管理。蓝牙通信标准可以支持多种不同的设备之间的无线连接，包括手机、电脑、音频设备、游戏机等。

（2）蓝牙通信标准可以提高设备的易用性和便携性。蓝牙通信标准可以为设备提供无线连接和通信功能，减少设备之间的连接线和接口，方便用户的使用和管理。此外，蓝牙通信标准的小型化和低功耗，使得设备更加便携和易用。

（3）蓝牙通信标准可以促进设备的创新和发展。蓝牙通信标准可以为设备提供更快、更稳定和更安全的无线连接和通信方式，激发设备厂商的创新热情，推动设备的发展和进步。

综上所述，行业标准模式在不同的领域和行业中都有着广泛的应用和重要的作用。企业可以通过积极参与制定和推广行业标准，发挥标准化的优势，提高产品的质量和性能，降低生产成本和风险，增强市场竞争力和经济实力，促进整个行业的发展和进步。

第三篇　经营目标篇

　　经营是企业生存和发展的核心。为了实现经营目标，企业需要在多元化、一体化和单一化运营之间作出明智的选择。在本篇，我们将深入探讨这些不同的经营策略，以及它们各自的价值和挑战。其中，多元化运营旨在拓展企业业务，平衡风险和机遇，持续优化经营策略；一体化运营则涉及横向产业链整合和纵向业务协同，为企业提供更高的效率和创新力；而单一化运营则聚焦核心业务，提高核心竞争力，灵活应对市场变化。通过深入理解这些经营目标和策略，能够使企业更好地规划和实现企业的长期发展目标。

第七章　多元化经营

多元化经营已成为现代企业不可或缺的一部分。在市场竞争日益激烈的环境中，企业需要寻求新的发展机遇和增加收益来源。

首先，本章将探讨多元化业务拓展的优势，如何通过多元化经营来扩大企业的业务范围和市场份额。其次，将研究如何平衡多元化风险与机遇，如何在保持核心业务稳定的前提下开拓新的业务领域。最后，我们将探讨如何持续优化多元化策略，如何把握市场变化和机遇，以及如何创新多元化经营模式。

无论是在扩大企业规模，增加收益来源，还是在风险防范和业务协同方面，多元化经营都具有不可替代的作用。

第一节　多元化业务拓展

一、挖掘新业务领域

在当今竞争激烈的市场环境中，企业要想取得长足的发展，必须不断地进行创新、拓展市场，寻求新的业务领域。多元化经营中的多元化业务拓展就是企业寻求增长点和壮大自身实力的关键途径之一。下面，将着重讨论如何挖掘新的业务领域，从而实现企业多元化经营的目标。

1. 深入了解市场需求与趋势

成功地挖掘新业务领域的前提是深入了解市场需求与趋势。企业应当时刻关注行业动态，分析市场变化，以便及时发现新的商机。此外，企业还可以通过收集与分析客户数据，了解客户需求的变化，从而为新业务领域的拓展提供有力支持。

2. 增加研发投入

在寻求新业务领域时，增加研发投入是不可或缺的一环。企业应当充分利用现有的资源，加大对研发的投入，以创新产品和服务来满足市场需求。创新可以帮助企业在竞争中保持领先地位，从而实现业务领域的拓展。

3. 培育核心竞争力

要实现新业务领域的拓展，企业必须具备强大的核心竞争力。核心竞争力包括企业的技术实力、管理水平、市场资源等多个方面。企业应当不断加强内部管理，提高员工素质，优化资源配置，以提升自身核心竞争力。

4. 探索创新商业模式

传统的商业模式在某些情况下可能无法适应新业务领域的需求。因此，在拓展新业务领域时，企业应当勇于尝试创新的商业模式。这包括但不限于共享经济、平台经济、订阅经济等新型商业模式。通过探索创新商业模式，企业可以更好地适应市场变化，提高竞争力。

5. 利用政策红利

政府政策对企业发展具有重要的引导作用。在拓展新业务领域时，企业应当关注政策动态，利用政策红利，为自身发展提供有力支持。例如，企业可以通过参与政府推动的产业园区建设、申请政府补贴等方式，获取政策支持，进一步推动新业务领域的拓展。

6. 建立多元化运营团队

多元化运营需要跨行业、跨领域的合作与整合。企业应当建立一个多元化的运营团队，吸纳不同行业和领域的优秀人才。多元化运营团队可以为企业带来更多的创新思维和战略眼光，有助于发现并开拓新业务领域。

7. 加强合作与交流

企业应当加强与同行及其他行业的合作与交流，分享成功经验，学习他人的发展模式。在合作与交流中，企业可以发现新的业务领域和商机，从而实现自身业务的多元化拓展。

二、拓展海外市场

随着全球化的发展，越来越多的企业开始关注国际市场，拓展海外市场成为实现多元化运营中多元化业务拓展的重要途径。下面，将讨论如何有效拓展海外市场，为企业的发展提供新的机遇和增长点。

1. 研究目标市场

在拓展海外市场前，企业应当对目标市场进行深入研究。这包括市场规模、消费水平、消费习惯、竞争格局等方面的了解。这有助于企业制定更为针对性的市场进入策略和产品定位，提高海外市场拓展的成功率。

2. 制定合适的市场进入策略

针对不同的海外市场，企业需要制定合适的市场进入策略。常见的市场进入策略包括直接出口、设立分销渠道、合资经营、设立子公司等。企业应当根据自身的优势和目标市场的特点，选择最合适的市场进入策略。

3. 本地化运营与管理

拓展海外市场时，企业需要重视本地化运营与管理。这包括产品和服务的本地化调整，以适应不同市场的需求和消费习惯。同时，企业还应当注重本地人才的培养和引进，以提高在海外市场的竞争力。

4. 建立良好的国际形象

在拓展海外市场过程中，企业要重视建立良好的国际形象。企业应当通过高质量的产品和服务，积极参与国际合作与交流，树立良好的企业品牌形象。良好的国际形象有助于企业在海外市场获得更多的商机，实现业务的多元化拓展。

5. 遵循国际法律法规与商业道德

在海外市场开展业务，企业必须遵循当地法律法规及国际商业道德。企业应当尊重当地文化，遵守环保、知识产权等相关法规，以免给企业带来不必要的风险和负面影响。

6. 加强风险防范与管理

拓展海外市场可能会面临诸如汇率风险、政治风险、法律风险等一系列问题。企业应当加强风险防范与管理，制定完善的风险应对措施。例如，企业可以通过多元化投资、保险等方式来规避汇率风险；密切关注政治动态，提前应对政治风险；加强与当地律师、顾问等专业人士的合作，以确保合规经营，降低法律风险。

7. 利用国际贸易政策与资源

在拓展海外市场的过程中，企业应当充分利用国际贸易政策与资源。例如，企业可以关注国际贸易协定、优惠政策等，降低进入海外市场的成本；同时，企业还可以利用国际展会、商务代表团等资源，扩大在海外市场的影响力，获取更多商机。

三、跨界合作与创新

在当今市场环境下，企业要实现多元化经营和业务拓展，跨界合作与创新成为越来越重要的手段。通过跨界合作与创新，企业可以发掘潜在的商业机会，优化资源配置，提高自身核心竞争力。接下来，将探讨如何通过跨界合作与创新实现多元化业务拓展。

1. 寻找合作伙伴

跨界合作的首要任务是寻找合适的合作伙伴。企业应当根据自身业务发展需求，寻找具有互补优势的合作伙伴，如其他行业企业、科研机构、高校等。在选择合作伙伴时，要充分考虑双方的战略目标、企业文化、技术实力等因素，以确保合作的顺利进行。

2. 制订合作方案

在找到合作伙伴之后，企业需要制订具体的合作方案。合作方案应当明确双方的合作目标、分工与责任、合作期限、资金投入等内容。详细的合作方案有助于保障合作的顺利进行，降低合作风险。

3. 跨界创新

跨界合作的目的是实现创新。企业应当在合作过程中不断寻求创新的机会，如技术创新、产品创新、商业模式创新等。跨界创新可以帮助企业拓展新的业务领域，提高市场竞争力。

4. 融合资源优势

在跨界合作中，企业应当充分发挥各自的资源优势，实现资源共享与优化配置。例如，企业可以将各自的技术、市场、人才等资源进行整合，以提高合作效果，降低合作成本。

5. 强化合作沟通与协调

跨界合作往往涉及不同的行业、领域和文化，因此，强化合作沟通与协调显得尤为重要。企业应当注重双方的沟通与协调，消除合作中的障碍和误解，保证合作顺利进行。

6. 评估合作成果与持续优化

跨界合作与创新是一个持续的过程。企业应当定期评估合作成果，根据评估结果进行持续优化。同时，企业还应当关注市场变化和技术发展，不断调整和完善合作战略，以应对潜在的市场挑战。

第二节 平衡多元化风险与机遇

一、识别多元化风险

多元化运营策略可以帮助企业在不同的市场和领域寻找到更多的机遇。然而，在追求多元化发展的同时，也可能带来一些潜在的风险。因此，企业在推进多元化战略时，应充分了解与识别相关的风险，以便采取相应的措施加以应对。

1. 资源分散风险

实施多元化运营策略意味着企业需要在多个业务领域进行投入，可能导致资源过于分散，从而影响企业整体效益。企业应在投资多元化业务时，对各业务领域的资源需求进行梳理和评估，确保资源投入的合理性和有效性。

2. 知识和技能不足风险

进入新的市场或领域可能需要企业具备一定的专业知识和技能。如果企业在这方面缺乏准备，可能导致在新市场的运营效果不佳，甚至可能引发法律法规的风险。因此，企业在拓展多元化业务时，应重视人才培养和知识技能的积累，以应对新市场的挑战。

3. 竞争与市场风险

多元化运营策略可能使企业面临激烈的竞争和市场不确定性。在进入新市场时，企业需要深入了解市场竞争格局，合理评估市场需求和竞争对手的实力，以便作出科学的战略决策。

4. 文化整合风险

实施多元化运营策略可能涉及跨国、跨地域的业务拓展，企业在这个过程中需要关注文化差异带来的挑战。如何在不同的市场环境下成功整合企业文化和本土文化，是企业在多元化发展中需要重视的问题。

总之，识别多元化风险是企业在实施多元化运营策略的关键一步。企业应对这些潜在风险有充分的认识，从而采取有效措施加以应对。在接下来的部分，我们将讨论制定风险应对策略的方法，以及如何捕捉多元化市场机遇。

二、制定风险应对策略

在识别了多元化风险之后，企业需要针对这些风险制定相应的应对策略。以下是五种可能的风险应对方法，企业可以根据自身情况选择合适的策略。

1. 优化资源配置

为了避免资源分散风险，企业应优化资源配置，确保各业务领域的资源投入能够保持在合理的范围内。这可能需要企业加强对各业务板块的投资分析和收益预测，以确保资源能够用于有较高收益和潜力的项目。

2. 加强人才培养和技能积累

面对知识和技能不足的风险，企业应重视人才培养和知识技能的积累。这包括加强内部培训、招聘具备相关专业知识和经验的人才，以及与业内专家和合作伙伴建立合作关系，共享资源和技能。

3. 研究竞争格局和市场需求

在应对竞争与市场风险时，企业需要深入了解市场竞争格局和客户需求。这包括通过市场调查、竞争对手分析等手段，掌握市场的变化趋势和竞争态势，从而制定符合市场需求的产品和服务策略。

4. 注重文化整合

为应对文化整合风险，企业应重视在不同市场环境下的文化适应能力，尊重和融合各种文化差异。这可能包括培养具有跨文化沟通能力的员工、了解并尊重当地的法律法规和商业习惯等。

5. 风险分散策略

企业还可以通过风险分散策略来降低多元化运营的风险。例如，可以在不同地区、不同行业进行投资，以降低单一市场的风险敞口。同时，企业可以寻求与其他企业建立合作关系，共同承担风险，分享成功的成果。

总而言之，企业在制定多元化运营的风险应对策略时，应综合考虑各种因素，根据企业的实际情况和市场环境来确定合适的策略。在制定风险应对策略的过程中，企业应保持灵活性和创新性，以便更好地应对市场的不确定性和多样性。

三、捕捉多元化市场机遇

在应对多元化风险的基础上，企业还需要关注并把握多元化市场的机遇。以下是五个捕捉市场机遇的关键要素。

1. 保持敏锐的市场洞察力

企业需要保持对市场变化的敏锐洞察力，以便在第一时间发现新的机遇。这可能包括关注行业发展趋势、市场动态、技术创新等方面的信息，及时调整战略方向。

2. 创新产品和服务

企业在多元化市场中，应不断创新产品和服务，以满足不断变化的客户需求。这可能需要企业加强研发投入，培养创新文化，以便在竞争激烈的市场环境中脱颖而出。

3. 加强品牌建设和市场推广

在多元化市场中，品牌形象和市场推广至关重要。企业应加强品牌建设，通过有效的市场推广策略，提高企业在不同市场的知名度和影响力。

4. 寻求合作与联盟

企业在拓展多元化市场时，可以通过寻求合作与联盟的方式，共享资源、技能和市场机会。这种合作方式可以帮助企业降低成本，提高效率，实现市场的快速拓展。

5. 保持组织结构的灵活性

在多元化市场环境下，企业需要保持组织结构的灵活性，以便更好地应对市场变化。这可能包括调整管理层次、部门设置等方面，以提高企业的响应速度和执行力。

总之，捕捉多元化市场机遇是企业在实施多元化运营策略过程中取得成功的关键。企业需要在应对多元化风险的基础上，关注市场变化，敢于创新，加强合作，以便在激烈的市场竞争中脱颖而出，实现可持续的发展。

第三节　持续优化多元化策略

一、跟踪市场动态与趋势

在当今竞争激烈的市场环境中，企业必须不断优化和调整其多元化策略，以保持竞争力和应对不断变化的市场挑战。为了实现这一目标，公司首先需要密切关注市场动态与趋势，确保及时了解最新的产业变化和竞争状况。下面，将重点介绍如何有效地跟踪市场动态与趋势，从而为持续优化多元化策略奠定基础。

1. 定期收集市场信息

要跟踪市场动态，需要企业建立一个有效的信息收集机制。企业可以通过参加行业会议、阅读行业报告、关注竞争对手动态等多种方式来收集信息。同时，企业还可以利用大数据和人工智能技术对大量数据进行分析，以便更准确地把握市场脉搏。

2. 分析市场趋势

在收集到足够的市场信息后，企业需要对这些信息进行深入分析，以便识别出关键的市场趋势。市场趋势分析可以帮助企业了解行业发展方向、消费者需求变化、技术革新等多个层面的变化。企业可以通过定性和定量的方法，结合内部与外部数据，全面了解市场的发展态势。

3. 识别市场机遇与风险

在了解市场动态与趋势的基础上，企业还需要进一步识别市场中的机遇与风险。对于机遇，企业应及时把握，充分利用以提升市场竞争力。对于风险，企业则需要提前预警，制定相应的应对策略。在这一过程中，企业可以通过 SWOT 分析等方法，全面评估市场环境对自身的影响。

4. 与利益相关者保持沟通

跟踪市场动态与趋势并不仅限于企业内部，企业还需要与客户、供应商、合作伙伴等利益相关者保持密切沟通。这有助于企业及时获取第一手的市场信息，同时也有助于维护良好的商业关系。企业可以通过定期举办业务研讨会、参加行业展会等活动来加强与外部利益相关者的互动。

通过以上方法，企业可以有效地跟踪市场动态与趋势，为持续优化多元化策略提供有力支持。跟踪市场动态与趋势是持续优化多元化策略的关键环节。企业需要通过定期收集市场信息、分析市场趋势、识别市场机遇与风险以及与利益相关者保持沟通等途径，确保及时掌握市场变化，为企业发展提供有力支持。在掌握市场动态与趋势的基础上，企业才能更好地评估现有多元化策略的成效，并根据市场需求对其进行调整与完善，从而在激烈的市场竞争中取得优势。

二、评估多元化策略成效

在跟踪市场动态与趋势的基础上，企业还需要定期评估多元化策略的成效，以了解企业在各个业务领域的表现，找出优势与不足，为进一步调整和完善多元化策略提供依据。下面，将讨论如何有效评估多元化策略的成效，并根据评估结果指导企业的未来发展。

1. 设定评估指标

评估多元化策略成效的第一步是设定合适的评估指标。这些指标应涵盖企业在各个业务领域的表现，包括财务指标（如收入、利润等）、市场指标（如市场份额、客户满意度等）以及运营指标（如生产效率、员工满意度等）。通过设定全面的评估指标，企业可以更好地了解多元化策略在各个方面的效果。

2. 收集数据并分析结果

设定好评估指标后，企业需要收集相关数据，并进行分析。在这一过程中，企业可以利用数据分析工具，如数据仪表盘、数据可视化等，以便更直观地展示和分析数据。通过对数据的深入分析，企业可以识别出多元化策略的优势与不足，为后续的策略调整提供依据。

3. 对比竞争对手表现

在评估多元化策略成效时，企业还需要关注竞争对手的表现。通过对比自身与竞争对手在各个业务领域的成绩，企业可以更好地了解市场竞争状况，找出自身的竞争优势和劣势。此外，企业还可以从竞争对手的成功经验中汲取经验教训，进一步优化自身的多元化策略。

4. 评估多元化策略的风险

在评估多元化策略成效的同时，企业还需关注潜在的风险。多元化策略可能会带来诸多挑战，如资源分散、管理复杂度增加等。企业需要在评估过程中充分考虑这些风险因素，确保多元化策略能够为企业带来利润增长的同时，保持稳健的风险管理。

通过以上步骤，企业可以全面评估多元化策略的成效，为后续的策略调整和优化提供有力依据。评估过程中所得出的结论将有助于企业更好地了解自身在各个业务领域的表现，从而找出需要改进的领域，以实现更高的业务增长和市场竞争力。

三、调整与完善多元化策略

在评估多元化策略成效的基础上，企业需要根据评估结果对策略进行调整与完善。这一过程旨在确保企业的多元化策略能够更好地适应市场环境的变化，提高企业的竞争力。下面，将重点讨论如何调整与完善多元化策略，以确保企业在不断变化的市场中保持领先地位。

1. 分析策略优劣

在调整多元化策略之前，企业首先需要深入分析现有策略的优劣。这包括对策略在各个业务领域的执行效果、对企业资源分配的影响，以及与市场趋势的契合程度等方面进行全面分析。其次，企业应充分挖掘现有策略的优势，弥补不足，以确保策略调整的科学性和有效性。

2. 制订调整方案

在分析策略优劣的基础上，企业需要制订具体的调整方案。调整方案应包括对现有业务的优化、对新业务领域的拓展、对企业资源的重新配置等多个方面。在制订调整方案时，企业应充分考虑市场趋势、竞争状况、企业自身优势等因素，确保调整方案具有可行性和实施性。

3. 实施调整方案

制订好调整方案后，企业需要迅速将其付诸实施。在实施过程中，企业应确保各个部门和团队能够有效地协同合作，共同推进多元化策略的调整与完善。此外，企业还需要加强内部沟通，确保员工充分了解调整方案的目标和意义，从而提高员工的执行力和积极性。

4. 监控调整效果

在实施调整方案的过程中，企业需要密切监控调整效果，以确保策略调整能够达到预期目标。企业可以通过设定关键绩效指标（KPI）等方法，对调整效果进行量化评估。同时，企业还应关注员工反馈，收集一线员工对策略调整的意见和建议，以便进一步优化调整方案。

5. 持续优化策略

调整与完善多元化策略是一个持续的过程，企业需要不断地根据市场变化和业务需求对策略进行优化。在这一过程中，企业应保持敏锐的市场洞察能力，及时捕捉市场机遇和挑战，积极应对竞争环境的变化。同时，企业还需关注内部执行力的提升，确保多元化策略能够在实践中取得良好的效果。

总之，调整与完善多元化策略是企业在不断变化的市场环境中保持竞争力的关键。企业应充分利用市场动态与趋势信息，以评估结果为依据，有针对性地调整和优化策略。通过不断地对策略进行调整与完善，企业将能够在激烈的市场竞争中不断壮大，实现可持续发展。

第八章　一体化运营

一体化运营是企业提高效率和创新力的关键策略。在市场竞争激烈的环境中，企业需要从全局角度出发，统筹规划企业资源，并且通过横向和纵向一体化来实现产业链整合和业务协同。

本章，我们将深入探讨一体化运营的不同策略。首先，我们将探讨横向一体化的优势，包括如何通过产业链整合提高企业的竞争力和效率。其次，我们将研究纵向一体化的优势，包括如何通过业务协同增加企业的收益来源和市场份额。最后，我们将探讨一体化运营的价值和挑战，包括如何在保持企业文化和价值观的前提下推动一体化运营的转型和发展。通过深入理解一体化运营的优势和挑战，您将能够更好地规划和实现企业的长期发展目标。

第一节　横向一体化：产业链整合

一、合作与联盟

随着全球经济的不断发展，企业间的竞争日益激烈，越来越多的企业意识到，仅仅依靠自身的力量难以应对市场的挑战，而横向一体化成了众多企业追求的目标。在这个过程中，合作与联盟成了实现产业链整合的关键手段。

1. 合作与联盟的意义

合作与联盟，是指企业之间基于共同的商业目标和利益，通过建立各种形式的协议或契约来实现资源共享、技术互补、市场拓展等目标的一种战略行为。这种战略行为可以帮助企业更快速地扩大规模，提高市场竞争力，降低运营成本，实现产业链整合。

2. 合作与联盟的类型

企业合作与联盟的类型可以根据合作范围、合作层次以及合作目的等方面进行分类。常见的类型包括技术合作、生产合作、销售合作、研发合作等。这些不同类型的合作与联盟旨在实现企业之间的资源整合、优势互补，从而提高整体产业链的效率和竞争力。

3. 合作与联盟的优势

企业之间通过合作与联盟可以实现以下四个方面的优势。

（1）资源整合。企业间的合作与联盟可以整合各自的资源，包括人力、物力、技术、资金等，提高资源利用效率，降低运营成本。

（2）技术互补。合作与联盟可以帮助企业在技术上取长补短，实现技术的共享和升级，提高企业的创新能力和市场竞争力。

（3）市场拓展。企业之间通过合作与联盟，可以互相开拓市场，拓宽业务领域，提高市场占有率。

（4）风险分散。企业间的合作与联盟有助于分散企业的经营风险，使企业在面临市场波动和不确定性时能够更加稳健地应对。

4. 合作与联盟的挑战

尽管合作与联盟可以带来许多优势，但企业在实施合作过程中也会面临一些挑战，具体如下。

（1）文化差异。企业间的文化差异可能导致合作双方在理念、价值观、管理方式等方面产生分歧，从而影响合作效果。

（2）利益分配。合作与联盟中的利益分配问题是一个关键难题。如何制定合理的利益分配机制，确保双方都能从合作中获得公平的回报，是实现长期稳定合作的前提。

（3）信息不对称。合作双方之间可能存在信息不对称的问题，导致合作过程中的决策失误和风险增加。

（4）合作监管。如何有效监管合作过程，确保合作双方遵守协议、共同承担责任，是合作与联盟中需要解决的问题。

尽管合作与联盟在实施过程中存在一定的挑战，但只要双方能够充分沟通、建立信任、制定合理的协议并付诸实践，这些挑战都可以逐步克服。企业应从长远角度审视合作与联盟的价值，并根据自身战略目标和市场环境灵活调整合作策略。

5. 总结

在产业链整合的过程中，合作与联盟是一种非常重要的战略手段。通过合作与联盟，企业可以整合资源、提高效率、拓展市场、降低风险，从而实现产业链的优化和竞争力的提升。然而，企业在实施合作与联盟过程中，也需要关注潜在的挑战，包括文化差异、利益分配、信息不对称以及合作监管等问题。通过充分的沟通和信任建立，以及合理的协议和策略制定，企业可以逐步克服这些挑战，实现合作与联盟的长期稳定发展。

未来，随着全球市场的不断演变和产业链的深度发展，企业间的合作与联盟将越发重要。企业需要积极拓展合作伙伴，寻求更多的合作机会，以实现产业链整合，提高自身竞争力，并在激烈的市场竞争中不断壮大。

二、收购与兼并

收购与兼并作为企业实现产业链整合的另一种重要手段，在全球经济一体化的背景下，越来越受到企业的重视。下面，我们将探讨收购与兼并的意义、类型、优势以及面临的挑战。

1. 收购与兼并的意义

收购与兼并，是指企业为实现战略目标、提高竞争力或扩大市场份额等原因，通过对其他企业或资产的购买、控制或合并，实现资源整合、产业链优化的一种方式。收购与兼并有助于企业实现规模经济、提高市场份额、获取新技术或优质资源，从而增强企业在产业链中的竞争力。

2. 收购与兼并的类型

根据收购与兼并的目的、对象和方式，可以分为多种类型，主要包括以下内容。

（1）横向收购。指在同一产业链中，同类产品或服务的企业之间进行的收购与兼并。横向收购有助于扩大市场份额、降低竞争压力、实现规模经济。

（2）纵向收购。指在产业链的上下游之间进行的收购与兼并。纵向收购有助于企业获取原材料或渠道资源，提高供应链稳定性，降低成本。

（3）混合收购。指同时涉及横向和纵向收购的一种收购方式。混合收购有助于企业整合产业链，实现多元化发展。

3. 收购与兼并的优势

企业通过收购与兼并可以实现以下四个方面的优势。

（1）规模经济。通过收购与兼并，企业可以迅速扩大规模，实现规模经济效应，降低生产成本，提高市场竞争力。

（2）技术和资源获取。收购与兼并有助于企业获取先进技术、专业人才、优质资源等，提高企业的创新能力和竞争力。

（3）市场拓展。收购与兼并可以帮助企业快速进入新市场、拓展业务领域、提高市场占有率。

（4）产业链整合。通过收购与兼并，企业可以整合产业链上下游资源，实现协同优化，降低成本，提高整体竞争力。

4. 收购与兼并的挑战

尽管收购与兼并为企业带来诸多优势，但在实施过程中，企业也需要应对以下挑战。

（1）文化融合。收购与兼并过程中，企业文化差异可能导致双方的沟通和协作障碍。企业需要采取措施，确保文化融合顺利进行，以提高收购与兼并的成功率。

（2）价值评估。如何准确评估收购目标的价值，确保收购价格合理，是企业在收购与兼并过程中需要关注的问题。

（3）融资风险。收购与兼并通常需要较大的资金投入。企业在筹集资金时，可能面临融资风险，影响收购与兼并的顺利进行。

（4）法律法规。收购与兼并涉及多个法律法规领域，企业需要确保收购与兼并的合法合规性，防范潜在法律风险。

5. 总结

收购与兼并是企业实现产业链整合的重要途径之一。通过收购与兼并，企业可以实现规模经济、技术和资源获取、市场拓展以及产业链整合等目标，提高企业的竞争力。然而，企业在实施收购与兼并过程中，也需要关注文化融合、价值评估、融资风险以及法律法规等挑战。通过充分准备、评估和实施策略，企业可以克服这些挑战，实现收购与兼并的成功。

三、产业链协同优化

产业链协同优化，是指在产业链各环节之间建立紧密的合作关系，实现资源共享、优势互补和协同创新，从而提高整个产业链的效率和竞争力。在这一部分，我们将探讨产业链协同优化的关键要素、实施策略及其对企业的影响。

1. 产业链协同优化的关键要素

（1）信息共享。信息共享是产业链协同优化的基础，通过实时、准确地交换信息，企业可以有效减少信息不对称，提高决策效率。

（2）供应链协同。供应链协同是产业链协同优化的核心，涉及原材料采购、生产、物流、销售等环节。通过建立紧密的供应链合作关系，企业可以降低成本、缩短生产周期、提高产品质量。

（3）技术创新协同。技术创新是产业链持续发展的动力。企业之间通过共享技术资源、开展合作研发，可以提高创新能力，降低研发成本。

2. 产业链协同优化的实施策略

（1）建立合作关系。企业应积极寻求与产业链上下游企业的合作，共同制定合作协议和标准，以实现资源整合和协同优化。

（2）制定协同管理制度。企业需要建立一套有效的协同管理制度，包括信息共享机制、合作流程规范、风险控制措施等，以保证协同优化的顺利实施。

（3）投入技术支持。企业应投入技术支持，如信息系统、自动化设备等，以提高产业链协同优化的效率。

（4）持续优化。企业应定期评估产业链协同优化的效果，根据市场变化和企业需求，调整优化策略，实现持续改进。

3. 产业链协同优化对企业的影响

（1）提高效率。产业链协同优化有助于提高企业的生产和运营效率，降低成本，提高利润。

（2）增强竞争力。通过产业链协同优化，企业可以获取更多的资源、技术和市场份额，增强企业的竞争力。

（3）促进创新。产业链协同优化有助于企业之间的技术创新合作，推动新产品、新技术的研发，提升企业的创新能力。

（4）提高企业形象。成功实施产业链协同优化的企业往往能在行业中树立良好的口碑，提高企业形象，吸引更多的合作伙伴和客户。

4. 总结

产业链协同优化是实现产业链整合的重要途径之一。通过信息共享、供应链协同和技术创新协同等方式，企业可以实现资源共享、优势互补和协同创新，提高产业链的效率和竞争力。企业在实施产业链协同优化过程中，需要关注合作关系、协同管理制度、技术支持和持续优化等方面的策略。成功实施产业链协同优化将对企业的效率、竞争力、创新能力和形象产生积极影响。

通过以上对合作与联盟、收购与兼并以及产业链协同优化的分析，我们可以看出产业链整合对企业发展的重要性。面对全球市场的竞争和产业链的演变，企业应积极寻求各种整合途径，实现产业链的优化，提高自身竞争力，从而在激烈的市场竞争中取得优势。

第二节　纵向一体化：业务协同

一、跨部门合作

在当今高度竞争的商业环境中，企业需要找到新的方法来提高效率、降低成本并创新。纵向一体化是实现这些目标的关键，它强调业务部门之间的紧密协同。在这个背景下，跨部门合作成了关注的焦点，因为它能帮助企业更好地利用资源，提高决策速度，并最终实现更高的利润。

（1）跨部门合作的重要性不言而喻。在现代企业中，部门间的壁垒逐渐消失，取而代之的是一个更加灵活、透明的组织结构。这样的结构有助于员工之间的沟通与协作，从而使企业能够更快地适应市场的变化，抓住新的商机。通过打破部门间的隔阂，企业能够实现更高效的资源利用，提高生产力，降低运营成本。

要实现有效的跨部门合作，首先需要建立一个共同的愿景和目标。这意味着企业需要确保所有相关部门都对这个愿景有共同的理解和认同。这样，不同部门的员工才能够团结一致，共同为实现这个目标而努力。此外，明确的目标和期望有助于激发员工的积极性和创造力，让他们更加投入地参与到跨部门的合作中。

（2）企业需要建立一个有效的沟通机制。这包括定期的跨部门会议、项目汇报和信息分享等。通过这些渠道，员工可以及时了解其他部门的工作情况，提出建议和想法，共同解决问题。这种互动有助于激发团队的创新精神，为企业带来更多的竞争优势。

（3）企业需要建立一个支持跨部门合作的文化。这意味着领导层需要积极倡导这种合作，以身作则，为员工树立榜样。此外，企业还需要对合作取得的成果给予充分的肯定和奖励，让员工能够从中获得成就感和满足感。这将有助于培育员工的合作精神，进一步推动企业的纵向一体化进程。

总之，跨部门合作是实现纵向一体化的重要途径，它有助于提高企业的整体竞争力和创新能力。通过打破部门间的隔阂、建立共同的目标和愿景、加强沟通与信息分享以及培育合作文化，企业可以充分发挥纵向一体化的优势，实现业务协同。

二、业务流程优化

在实现纵向一体化的过程中，业务流程优化是另一个关键要素。优化业务流程可以提高企业的运营效率，减少不必要的浪费，降低成本，并提高客户满意度。

首先，为了实现业务流程的优化，企业需要对现有流程进行全面的审查和分析。这包括识别流程中的瓶颈、浪费和不一致之处，从而找出改进的机会。在这个过程中，企业可以运用各种工具和方法，如流程图、关键绩效指标（KPI）以及持续改进的方法（如精益生产和六西格玛）。

其次，在识别出改进机会后，企业需要采取措施对流程进行优化。这可能包括简化复杂的流程、消除不必要的步骤、提高自动化程度以及更好地协调不同部门之间的工作。这些措施可以帮助企业提高生产力、降低成本、减少错误，并为客户提供更好的服务。

最后，企业需要确保流程优化的持续性。这意味着企业需要定期对流程进行评估和调整，以适应市场和技术的变化。同时，企业还需要建立一个鼓励员工提出改进建议和创新想法的氛围，以便不断地完善和优化业务流程。

三、数据与信息共享

在纵向一体化的背景下，数据与信息共享在促进业务协同方面发挥着至关重要的作用。通过共享数据和信息，企业可以更好地了解市场需求、客户行为、产品性能等方面的信息，从而作出更加明智的决策。

为了实现有效的数据和信息共享，企业需要建立一个统一的信息平台，将来自不同部门的数据集成一起。这样，员工可以随时访问所需的信息，提高工作效率。同时，这也有助于提高数据的质量和准确性，避免因信息不对称而导致错误决策。

此外，企业需要采取一套完善的数据安全和隐私保护措施。这包括对数据访问进行严格的权限控制、定期进行数据备份以及采取加密等手段来保护敏感信息。这样可以确保数据在共享的过程中不被泄露或滥用，同时也有助于维护企业和客户的利益。

除此之外，企业需要提高员工的数据素养，让他们更好地理解和利用数据。这可以通过定期的培训和分享会来实现，以便员工能够掌握数据分析的基本技能，并运用这些技能来解决实际问题。同时，鼓励员工利用数据驱动的方法进行决策，有助于提高企业的整体决策质量和效率。

最后，企业需要搭建一个支持数据和信息共享的组织文化。这意味着领导层需要积极推动数据共享的理念，将其作为企业战略的重要组成部分。此外，企业还需要鼓励员工在日常工作中主动分享和交流信息，以便形成一个积极的数据共享氛围。

第三节　一体化运营的价值与挑战

一体化运营，简而言之，就是将企业的各个部门和业务流程紧密整合在一起，实现资源、信息和流程的高度共享。下面，我们将从提高运营效率的角度出发，探讨一体化运营所带来的价值以及企业在实施过程中可能面临的挑战。

一、提高运营效率

一体化运营有助于提高企业的运营效率。当企业的各个部门紧密合作，共享资源和信息时，决策过程变得更加迅速和精确。在一体化运营的体系下，企业可以更好地识别和解决潜在的问题，从而提高工作效率。此外，一体化运营还可以减少重复劳动和不必要的流程，使企业在竞争激烈的市场环境中保持领先地位。

例如，企业可以通过一体化运营实现生产、销售和物流等部门之间的紧密协作。这种协作可以确保产品按时生产、销售和配送，降低库存成本，提高企业的整体运营效率。

二、降低成本与提高利润

一体化运营还可以帮助企业降低成本和提高利润。通过整合企业的各个业务流程和资源，企业可以优化供应链、减少物流成本、优化库存和生产过程，从而降低企业的总体成本。此外，一体化运营还可以帮助企业更好地了解市场需求和客户需求，从而更精确地制定营销策略，提高销售额和利润。

然而，实现这些目标并非易事。一体化运营需要企业在不同部门和业务流程之间建立紧密的联系和协作，需要企业在组织、文化、流程和技术方面进行全面的调整和变革。这将面临着一系列的实施难点和困难。

三、一体化运营的实施难点

实施一体化运营需要企业面临多个挑战，其中最大的难点是如何在不同部门和业务流程之间建立有效的沟通和协作。在传统的企业文化和组织结构下，不同部门往往会形成相对独立的岛屿，缺乏沟通和协作，这种情况将妨碍企业整体的运营效率和资源利用率。

此外，一体化运营还需要企业在流程、文化和技术方面进行全面的调整和变革。企业需要重新审视和优化各个业务流程，通过信息化技术实现各部门和业务流程之间的高效沟通和协作。同时，企业还需要调整组织结构和人员培训，以适应一体化运营所带来的变革和挑战。

四、克服一体化运营的困难

为了克服一体化运营所面临的难点和困难，企业需要采取一系列有效的措施。首先，企业需要建立一支高效的管理团队，明确一体化运营的战略目标和具体实施计划。其次，企业需要进行流程重组和文化变革，打破各部门之间的壁垒，建立有效的沟通和协作机制。最后，企业需要通过信息化技术实现业务流程的集成和优化，提高企业的整体运营效率。

总之，一体化运营在提高运营效率、降低成本和提高利润方面具有重要的作用和潜在的价值，但实现一体化运营并非易事，企业需要克服一系列的挑战和困难。为了成功实施一体化运营，企业需要建立高效的管理团队，重组流程和文化，采用信息化技术实现各部门之间的协作和沟通。只有这样，企业才能实现一体化运营的目标，提高整体运营效率和利润水平，保持竞争优势。

第九章　单一化运营

单一化运营已经成为许多企业实现长期稳定发展的成功之路，它让企业更加专注于核心业务，从而提高生产效率、降低成本和提高产品和服务的品质。此外，单一化运营可以让企业更好地把握市场的需求和机遇，不断提高企业的核心竞争力。

本章，我们将深入探讨如何聚焦核心业务、提高核心竞争力以及灵活应对市场变化。通过深入理解单一化运营的优势和挑战，您将能够更好地规划和实现企业的长期发展目标。

第一节　聚焦核心业务

一、确定企业核心竞争力

单一化运营策略的本质是将企业的资源和精力聚焦在核心业务上，以便更好地满足客户需求，提升企业的竞争力。然而，在实施单一化运营策略时，企业也面临着诸多挑战和风险，如何聚焦核心业务成了一项关键的任务。

要想在单一化运营中聚焦核心业务，首先需要明确企业的核心竞争力。

企业的核心竞争力是企业在市场上获得成功的关键因素，是企业的独特优势和差异化竞争的基础。明确企业的核心竞争力可以帮助企业更好地了解自己在市场上的地位和优势，为聚焦核心业务提供基础。

例如，苹果公司的核心竞争力是硬件、软件、设计和用户体验的整合能力，以及强大的品牌认知度和创新能力；亚马逊公司的核心竞争力是先进的物流系统、庞大的客户群体、丰富的产品种类和出色的客户服务体验；谷歌公司的核心竞争力是强大的搜索算法和技术、丰富的大数据资源和先进的人工智能技术，以及广告收入的稳定来源；三星公司的核心竞争力是强大的研发能力和生产能力、全球化的销售网络和丰富的产品线，以及高品质的产品和服务等。

二、专注核心业务发展

确定企业的核心竞争力，是为了使企业专注于核心业务的发展。

核心业务是企业最主要、最关键的业务领域，也是企业最擅长的领域。企业需要将更多的资源和精力投入到核心业务的发展中，不断提升核心业务的竞争力和市场占有率。同时，企业也应该在核心业务以外的领域保持谨慎和审慎，避免分散资源和精力。

举例来说，苹果公司的核心业务是消费电子产品，如 iPhone、iPad 和 Mac 电脑等；亚马逊公司的核心业务是在线零售、云计算、数字流媒体、人工智能等领域；谷歌公司的核心业务是互联网搜索、在线广告、智能手机、操作系统、智能音箱等领域；三星公司的核心业务是电子产品，如智能手机、电视、冰箱、笔记本电脑、芯片等；腾讯公司的核心业务是社交媒体、在线游戏、金融科技、数字内容等领域；而微软公司的核心业务则是计算机软件、硬件、操作系统和云计算等领域。

三、强化核心业务品牌

企业在专注于核心业务的发展时，其重要手段就是需要强化核心业务品牌。

品牌是企业在市场上的形象和声誉，也是企业与消费者之间的沟通桥梁。企业应该通过不断提升核心业务品牌的知名度和美誉度，吸引更多的潜在客户，并为企业的长期发展打下基础。

多数公司的品牌都与公司名称相同，但也有一些公司的品牌例外。举例来说，中国移动、阿里巴巴、中国平安、海尔、可口可乐、谷歌、麦当劳、联想、花旗等公司的品牌都与其公司名相同，但腾讯公司旗下的品牌有 QQ、微信、腾讯视频、腾讯游戏等品牌，而字节跳动公司的品牌有抖音（TikTok）、头条、西瓜视频、火山小视频、今日头条等。

总之，单一化运营是一种有效的运营策略，可以帮助企业聚焦核心业务，提升竞争力。在实施单一化运营策略时，企业应该明确自己的核心竞争力，专注于核心业务发展，并强化核心业务品牌。

第二节 提高核心竞争力

一、投资研发与创新

投资研发与创新是企业提升核心竞争力的重要手段之一。下面，我们来看看三家企业的成功案例，了解它们是如何通过研发和创新实现了市场成功的。

案例1.苹果公司

苹果公司一直注重技术创新,以满足消费者对高品质、高性能产品的需求。例如,苹果公司在2007年推出了第一款iPhone,引领了智能手机的潮流,开创了全新的市场。之后,苹果公司不断推出更新、更先进的手机和其他电子产品,始终处于技术创新的前沿。这也使得苹果成了全球最有价值的品牌之一。

案例2.阿里巴巴集团

阿里巴巴集团以互联网技术为基础,通过不断的研发和创新,打造了中国最大的电商平台。阿里巴巴集团不断探索新的商业模式和市场机会,例如通过阿里云推广云计算服务,发展在线教育和医疗等新业务。这些创新使得阿里巴巴集团不断扩大市场份额,成为全球较有价值的互联网公司之一。

案例3.特斯拉公司

特斯拉公司致力于研发和生产高质量的电动汽车,打造了独特的品牌形象和市场地位。特斯拉公司在电池技术、自动驾驶技术、充电设施等方面进行不断的研发和创新,为消费者提供了更高效、更环保的汽车选择。这也使得特斯拉成为电动汽车市场的领导者之一。

综上所述,投资研发与创新是企业提高核心竞争力的重要手段。通过不断的研发和创新,企业可以提高产品和服务的质量和效率,满足消费者的需求,开拓新市场,增加收入来源,为企业提供更广阔的发展空间。

二、优化生产与服务流程

优化生产与服务流程是提高企业核心竞争力的关键因素之一。下面,我们同样来看看三家企业是如何通过优化生产与服务流程实现市场成功的。

案例1.丰田汽车公司

丰田汽车公司一直致力于提高生产效率和生产质量，通过实施"精益生产"和"质量管理"等方法，优化生产流程和制造工艺。例如，丰田汽车公司实现了流水线生产和零库存生产，大幅降低了生产成本和库存成本，提高了生产效率和生产质量。这也使得丰田汽车公司成为全球最受欢迎的汽车品牌之一。

案例2.沃尔玛公司

沃尔玛公司通过不断优化零售流程，提高服务质量和效率，赢得了消费者的信赖和忠诚。例如，沃尔玛公司采用了先进的供应链管理系统，可以快速响应消费者的需求，减少库存浪费和运营成本。同时，沃尔玛公司还投入大量资源培训员工，提高服务质量和客户满意度。这些措施使得沃尔玛成为全球最大的零售商之一。

案例3.麦当劳公司

麦当劳公司通过优化快餐服务流程，提高服务效率和质量，赢得了消费者的喜爱和口碑。例如，麦当劳公司在服务流程中引入了自动化技术，通过自助点餐、自动出餐等方式提高服务效率，同时加强对食品卫生和质量的监控，保障服务质量。这些措施使得麦当劳成为全球最受欢迎的快餐品牌之一。

三、培养企业文化与人才

培养企业文化与人才是提高企业核心竞争力的重要手段之一。下面，我们来看看两个成功案例，了解它们是如何通过培养企业文化和人才实现了市场成功的。

华为公司一直注重企业文化的塑造，秉持"客户至上、持续创新、合作共赢、诚信守法"的价值理念，提倡"以客户为中心"的服务理念。同时，华为公司也非常注重人才的培养和发展，通过实施"以人为本"的人才战略，提高员工的素质和技能水平。这也使得华为公司在全球通信设备市场上保持了持续的领先地位。

谷歌公司一直以"不作恶"为核心价值理念，致力于创造一个开放、创新的企业文化氛围。同时，谷歌公司也注重人才的培养和发展，提供良好的工作环境和培训机会，吸引了许多优秀的员工。这些措施也使得谷歌公司成为全球最具影响力的科技公司之一。

综上所述，通过投资研发与创新、优化生产与服务流程以及培养企业文化与人才等手段，企业可以不断提高自身的核心竞争力，保持市场竞争优势，实现持续发展和增长。

第三节　灵活应对市场变化

一、跟踪市场动态与趋势

跟踪市场动态与趋势可以帮助企业了解市场的需求和变化，从而提前预测未来的趋势和方向。

例如，苹果公司在推出新产品前，会通过市场调研和用户反馈来了解用户需求，从而制订更符合市场需求的产品规划。此外，针对不同的市场趋势，苹果公司也会不断改进产品的功能和设计，以满足消费者对于科技产品的不断追求和需求。

另一个案例是奥迪公司。奥迪公司在 2005 年推出了奥迪 Q7，这是他们第一款豪华 SUV，非常受欢迎。但在 2013 年，由于市场的变化和竞争对手的崛起，奥迪公司发现他们需要更多的 SUV 车型来满足市场的需求。为此，他们推出了更小型的 SUV 车型，如奥迪 Q3 和 Q5。这些新车型满足了市场对更小型 SUV 的需求，同时也为奥迪公司带来了更大的市场份额。

因此，企业需要不断跟踪市场动态和趋势，以保持与市场的接轨。企业需要通过市场调研、分析竞争对手和关注行业新闻等方式进行跟踪。这样才能更好地预测市场的未来趋势和方向，并为企业的决策和发展提供支持。

二、快速适应市场变化

当市场出现变化时，企业需要迅速做出反应。举例来说，当新冠疫情暴发时，许多企业立即采取行动来适应这种全球性的市场变化。例如，一些跨国餐饮企业开始加强其外卖和线上业务，以满足消费者对外出和用餐的限制，同时也保持其业务持续发展。

另一个例子是亚马逊。亚马逊在新冠疫情期间也采取了多项措施以适应市场变化。亚马逊增加了员工招募、强化了供应链管理和提高了工作效率，以满足消费者在线购物需求的增长。此外，亚马逊还推出了许多新的销售渠道和服务，如 Prime 会员、零售业务和亚马逊生鲜等，以适应市场的变化和扩大其市场份额。

因此，企业需要通过快速决策、灵活调整产品线、加强营销等策略，来满足市场的需求。企业可以通过增加产品研发投入、加强供应链管理、降低成本等方式提高生产力和效率，从而迅速适应市场变化。企业需要及时关注市场的变化，采取积极主动的行动来应对挑战，保持企业的持续发展。

三、创新应对策略与方案

在应对市场变化时，企业需要创新性地思考解决方案。举例来说，当人们开始越来越注重健康时，可口可乐公司就推出了一系列健康饮品。这些饮品包括天然果汁和纯净水等，以满足不同人群对健康饮品的需求。此外，可口可乐还与其他企业合作，如与星巴克合作推出冷萃咖啡等，以扩大其市场份额和满足消费者需求。

另一个例子是特斯拉。特斯拉的目标是成为全球领先的电动汽车公司，并在市场上推出各种创新性的产品和服务。例如，他们推出了电动卡车 Semi，以及 Solar Roof 和 Powerwall 等太阳能和储能设备。此外，特斯拉还采用了独特的营销策略，如在瑞士阿尔卑斯山上推出一款全自动的滑雪机器人，以展示他们的自动驾驶技术。

因此，企业需要在不断创新中，找到适合自己的策略和方案，以应对市场的变化和挑战。企业可以通过开发新的产品或服务、与其他企业合作、推出新的营销策略等方式来实现创新。只有在不断的创新和改进中，企业才能保持其竞争力并在市场上获得成功。

后　记

亲爱的读者：

很高兴能够在这里和您见面，感谢您选择了《高利润是策划出来的》这本书，阅读并支持它。

在本书的写作过程中，我意识到这本书的内容不仅仅是关于策划，它更是一份关于管理的手册，一本针对创业者和企业管理人员的实用指南。而能够得到您的认可，我感到无比荣幸。

谈及写作此书的初衷，我必须要感谢我的学员。在我的管理培训过程中，他们时常遇到许多问题，而这些问题往往都涉及了利润和策划，我深感这是一个让人无法用简单几句话就能讲清楚的话题。因此，我萌生了写作这本书的想法，希望能够为大家提供一个方便的手册，一个学习的起点。

写作本书并不是一件容易的事情，需要付出极大的努力和汗水。在写作过程中，我很大精力都放在了浓缩资料、精选素材上，同时还要兼顾案例丰富、深入浅出，照顾到读者的阅读乐趣等。虽然这是一个痛苦的压缩、增删和修改过程，但只要能够带给您更好的阅读体验，我就满足了。

最后，我要特别感谢华夏智库的各位老师在本书写作过程中的大力支持。感谢他们提供的丰富的资料和经验，让我能够撰写出这本书。

再次感谢您的阅读和支持，我希望这本书能够对您有所帮助，为您的事业和人生带来一些启示和收获。如果您有任何疑问或建议，欢迎随时与我联系。

衷心感谢！

王子墨

2023 年 6 月 1 日于上海